9 Momento de cambios

> describir una casa y oficina, localizar
> *hay que* + infinitivo

> hablar de hábitos en el pasado
> los verbos con -*zc*-, el imperfecto, referencias temporales, el objeto directo con personas

> hablar de cantidades, hablar de cambios en la vida laboral
> cuantificadores, los porcentajes

Revista de negocios
> Perú
> las invitaciones a casa

10 Llegar a la meta

> hablar de experiencias en el pasado, dar datos biográficos
> el indefinido regular, el indefinido de *ser* / *ir*, algunos marcadores temporales

> hablar de cualidades y habilidades profesionales, escribir una carta de presentación
> formas irregulares del indefinido

> escribir un currículum vitae, hacer una entrevista de trabajo, hablar de la experiencia laboral
> el contraste perfecto / indefinido

Revista de negocios
> Ecuador
> las entrevistas de trabajo

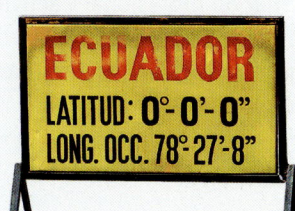

Anexo

Símbolos

⤴ 1   actividad del libro de ejercicios
▶▶ 1   actividad de comprensión auditiva

¿Cómo funciona Meta profesional?

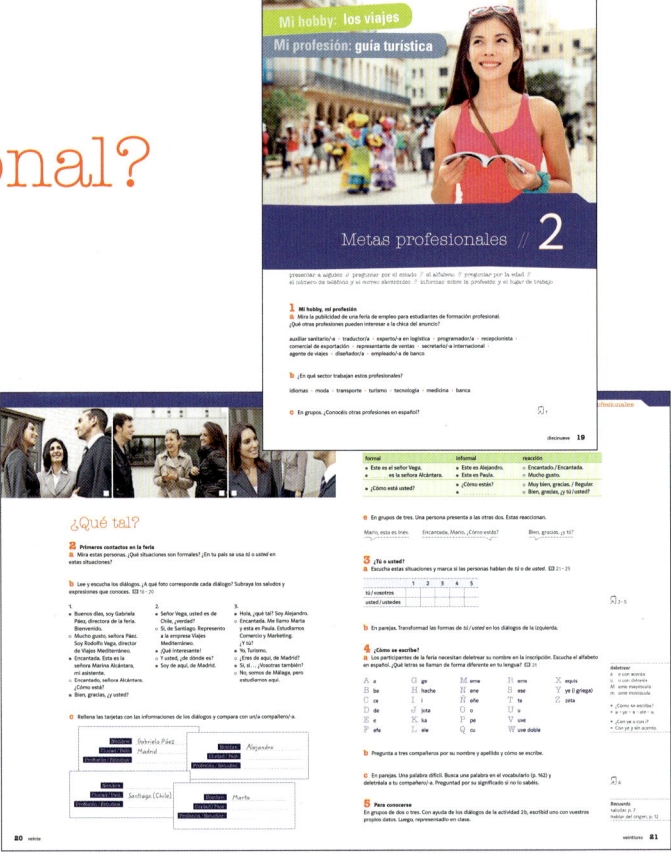

En la **portadilla** te familiarizas con el tema de la lección y activas tus conocimientos y experiencias previas a partir de documentos gráficos y actividades sencillas.

3 secuencias de aprendizaje de dos páginas cada una presentan las nuevas estructuras lingüísticas a través de una variada tipología de textos prácticos del mundo profesional y actividades que promueven un uso auténtico de la lengua y respetan los diferentes tipos de aprendizaje.

En **Te toca a ti** puedes realizar una tarea de expresión escrita y otra de expresión oral para poner en práctica lo aprendido y desarrollar tus competencias estratégicas.

En **Mi ficha** puedes hacer tu resumen personal de lo que has aprendido.

La **Revista de negocios** ofrece datos para ampliar información sobre diferentes países del MERCOSUR y un aspecto intercultural.

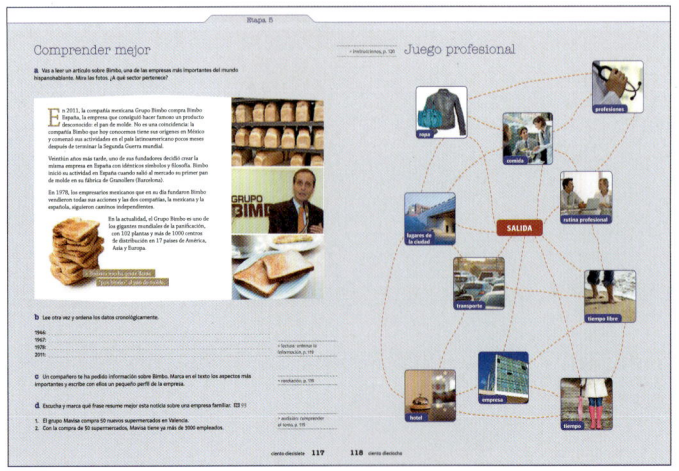

En las **Etapas** tienes la posibilidad de desarrollar estrategias de comprensión y de repasar contenidos gramaticales y comunicativos en forma de juego.

El primer día

saludarse // presentarse // la pronunciación

1 ¿Cómo te llamas?

a Lee y escucha. Marca los saludos. ¿Qué significan en tu idioma? ▶▶ 1

b Saluda a tres personas de la clase y pregúntales cómo se llaman.

saludar	presentarse	
Buenos días: 6.00 – 14.00	• ¿Cómo te llamas?	○ Soy / Me llamo…, ¿y tú?
Buenas tardes: 14.00 – 20.00	• ¿Cómo se llama usted?	○ Soy / Me llamo…, ¿y usted?
Buenas noches: 20.00 <		

Hola, soy Paul.
¿Cómo te llamas?

Hola, soy Anna, ¿y tú?

c Clasifica las siguientes expresiones en *saludos* y *despedidas*. ¿Conoces más?

Buenos días · Hasta luego · Hasta la próxima · Hasta la vista · ¿Qué tal? · Adiós ·
Hasta pronto · …

1–2

2 ¿Cómo se pronuncia?

a ¿Conoces estas empresas españolas y latinoamericanas?
Marca las que conoces y compara con tus compañeros.

Zara · Aerolíneas Argentinas · Telefónica ·
Turespaña · Banco Gallego · NH Hoteles · Televisa ·
Desigual · Renfe · Jamón Cinco Jotas · Chupa Chups ·
Queso García Baquero · Banco Central del Uruguay ·
Apartplaya · Cerveza San Miguel

b Relaciona las empresas con el sector correspondiente. Luego, escucha y comprueba. ▶▶ 2

moda _____

alimentación _____

turismo _____

comunicación _____

transporte *Renfe*

banco _____

c Escucha y fíjate en la pronunciación de las palabras. Marca las letras que se pronuncian de forma diferente en tu idioma. ▶▶ 3

c	Telefóni**c**a	[k]	como en inglés *car*
	cinco	[θ] [s]	delante de -**e**, -**i** como **th** en *thing* o como **s** en LA
ch	**Ch**upa **Ch**ups	[tʃ]	como en inglés *cherry*
g	**G**arcía, Desi**g**ual	[g]	como en inglés *good*
	Mi**gu**el		en la combinación **gue**, **gui** no se pronuncia la **u**
	Ar**g**entina	[x]	delante de -**e**, -**i** como **ch** en alemán *Bach*
h	**h**otel	[-]	no se pronuncia
j	**j**amón	[x]	como **ch** en alemán *Bach*
ll	ga**ll**ego	[j]	como **y** en inglés *you*
ñ	Espa**ñ**a	[ɲ]	como **gn** en *cognac*
qu	**qu**eso	[k]	como en inglés *car*, la **u** no se pronuncia
r	**R**enfe, Se**rr**ano	[R]	fuerte: **r** a principio de palabra y **rr**
	Ae**r**olíneas	[r]	suave: **r** entre vocales
v	Tele**v**isa	[b]	**v** y **b** se pronuncian igual, como en inglés *blue*
y	Apartpla**y**a	[j]	como en inglés *you*
	Urugua**y**	[i]	a final de palabra como en inglés *lucky*
z	**Z**ara	[θ] [s]	como **th** en *thing* o como **s** en LA

d Escucha estos eslóganes. ¿Quién los dice sin equivocarse? ¿Quién los lee más rápido? ▶▶ 4

1. Muñecos Cariño para niñas y niños
2. Erre que erre ruedan las ruedas de Renfe
3. Jamás comerás un jamón como el jamón de Jabugo
4. Zapatos Zapata para el cine, la cena y la plaza
5. Naranjas de Sevilla, un sabor que maravilla
6. Chicos y chicas chupan Chupa Chups

SANTIAGO CALATRAVA
arquitecto

REAL MADRID mejor equipo de fútbol

ELENA ARZAK
cocinera

ESPAÑA:
el arte no solo está en los museos

Mis metas // 1

preguntar por el significado // los números hasta 10 // hablar del origen // hablar de los motivos
para estudiar español

1 ¿Qué es España?

a Mira esta publicidad para promocionar España y marca qué aspectos representa.

- ☐ cultura
- ☐ turismo
- ☐ gastronomía
- ☐ automóvil
- ☐ industria
- ☐ deporte
- ☐ fiesta
- ☐ música
- ☐ tecnología
- ☐ naturaleza
- ☐ arte
- ☐ fútbol

b Escucha a estas personas. ¿Qué es España para ellas? Subraya las palabras que oyes
en la lista anterior. Compara los resultados con un/a compañero/-a. ▶▶ 5 – 8

c ¿Qué es el mundo hispanohablante para ti? Haz una lista con tus ideas. Luego, preséntala.
¿Cuál es la palabra más nombrada de la clase?

Para mí es… ↗ 1

¿Qué significa?

2 Titulares de prensa

a Lee los titulares y relaciónalos con las fotos de arriba.

☐ El éxito de las grandes empresas con el e-comercio
☐ Los hoteles NH, número 1 en el sector del turismo
☐ Paella y tapas: la comida española, protagonista de un evento gastronómico en Hollywood
☐ La exposición de arte "La imagen de España" en el museo del Prado
☐ España es potencia mundial en el fútbol, tenis y baloncesto
☐ ¿Es buena la imagen de España en las redes sociales facebook y twitter?
☐ La página web de los productos bio de Natura
☐ La nueva campaña de publicidad de Mango
☐ 1,3 millones de euros para el Plan de Marketing de la ciudad de Barcelona

b Lee los titulares otra vez y subraya las palabras que entiendes.

c En grupos de tres. Pregunta por el significado de las palabras que no entiendes.

¿Qué significa…?

Creo que significa…

¿"Imagen" significa…?

Sí. / No. / No sé.

> más frases útiles para la clase, p. 188

d Clasifica las palabras de los titulares. Puede haber varias opciones. Luego, compara con un/a compañero/-a. ¿Coinciden vuestras clasificaciones?

economía	cultura	deporte	tecnología

2

3 Los sustantivos

a Completa la tabla y añade un ejemplo más para cada caso. ¿Puedes reconocer el género de las palabras por la terminación? ¿Cómo se forma el plural?

	masculino	femenino
singular	el catálog**o** el hotel _____	la empres**a** la ciudad _____
plural	los catálog**os** los hotel**es** _____	_____ empres**as** _____ ciudad**es** _____

los sustantivos
masc.: **-o**
fem.: -**a**, -**dad**, -**ión**

OJO
Otros sustantivos se aprenden con el artículo:
el hotel, **la** imagen

b Busca más sustantivos en las páginas 9 y 10 y clasifícalos según el género. Puedes añadir también palabras que ya conoces.

el	la

c En cadena. Una persona dice una palabra en singular con el artículo. La siguiente forma el plural y dice una palabra nueva, y así sucesivamente.

La red.

Las redes. El hotel.

…

4 Mis palabras favoritas

a Escribe diez palabras que te parecen útiles en español y numéralas del uno al diez. Añade el artículo.

1. uno _____
2. dos _____
3. tres _____
4. cuatro _____
5. cinco _____

6. seis _____
7. siete _____
8. ocho _____
9. nueve _____
10. diez _____

b En grupos de tres. Cada persona presenta sus palabras, un/a voluntario/-a las apunta. ¿Cuáles son las cinco palabras favoritas de cada grupo? ¿Y las de la clase?

3–5

el mate   la paella   el café   los tacos

¿De dónde eres?

5 Feria gastronómica

a En Madrid se celebra una feria gastronómica del mundo hispano. Mira el mapa. ¿Conoces alguno de estos países? ¿Qué relacionas con él? ¿Con qué países relacionas las comidas y bebidas de las fotos?

b En la inscripción de la feria se presentan algunos participantes. Escucha. ¿De dónde son? ▶ 9 – 12

c Escucha otra vez y completa la lista con los datos que faltan.

nombre	ciudad / país	empresa
_____ Redondo	Alicante	Carmencita
Luis Palaoro	Argentina	_____
Ángela Ramírez	_____	Colcafé
Elisa _____	México	Maseca

d Clasifica estas preguntas según las categorías.

¿Y de apellido? • ¿De dónde eres? • ¿De dónde es usted? • ¿De qué empresa eres? • ¿Cómo te llamas? • ¿De qué empresa es usted? • ¿Eres de Madrid? • ¿Cómo se llama usted?

nombre: _____
ciudad / país: _____
empresa: _____

↗ 6

e Completa la tabla con las formas del verbo *ser* que faltan. Después escribe tus datos personales.

pronombres	ser
yo	___
tú	___
él / ella / usted	___
nosotros / nosotras	somos
vosotros / vosotras	sois
ellos / ellas / ustedes	son

mis datos personales:
nombre: _____
ciudad / país: _____
empresa / escuela: _____

los pronombres
Los pronombres se usan solo para enfatizar o contrastar:
● Hola, soy Ana.
○ Y **yo** soy Juan.

OJO
LA: **Ustedes** también se usa para tutear.

↗ 7–9

6 ¿Quién es? ¿Qué es?

a Lee estas frases y marca si son verdaderas (v) o falsas (f).

☐ Shakira es una cantante de Argentina.
☐ Lionel Messi es de Barcelona.
☐ VW es una empresa de Alemania.
☐ Valencia es una ciudad de España.
☐ La paella es una comida de México.
☐ El jamón es un producto de Cuba.
☐ El ron es un producto de Perú.

b Corrige las frases de la actividad a.

Lionel Messi no es de Barcelona,
es de Argentina.

el artículo indeterminado
un producto
una ciudad

la negación
● ¿Eres de Cuba?
○ **No**, **no** soy de Cuba.

c En parejas. Escribe una frase con estas palabras sobre personas, empresas o productos. Tu compañero/-a adivina quién o qué es.

Es	un / una	ciudad / empresa / producto / comida / cantante / deportista	de	Alemania. / Holanda. / Austria. / Suiza. / España. / …

Es un deportista de España.   ¿Rafael Nadal?

> más países, p. 188

7 Informaciones de la clase

Pregunta a dos personas por los siguientes datos. Luego, presenta los resultados a la clase.

Nombre: _____
Apellido(s): _____
País / Ciudad: _____

Nombre: _____
Apellido(s): _____
País / Ciudad: _____

↗ 10–11

¿Para qué usas español?

8 Estudiantes de español

a Lee las entradas de estos estudiantes de español en una bolsa de intercambio y marca los idiomas.

Hola, me llamo Mareike. Soy de Alemania. Trabajo en una empresa de transporte. Hablo inglés y holandés, pero ahora necesito español para hablar por teléfono con clientes de Latinoamérica. Busco personas para practicar español.

Soy Anika, estudio español en una escuela de idiomas. También hablo francés, alemán y ruso. Busco clases de español.

Soy Jan. Estudio Marketing y hablo español bien. Mi meta: trabajar en una empresa internacional. Busco unas prácticas en una empresa española. Hablo también un poco de chino.

Soy Michael y trabajo en una empresa de turismo. Participo en congresos internacionales y necesito español para hablar con mis colegas de España. Busco profesor/a de español.

---

idiomas
el español
el inglés
el francés
el alemán
el holandés

> más idiomas, p. 190

---

b Lee otra vez las entradas y contesta a estas preguntas.

¿Quién trabaja? _____
¿Quién usa español en su trabajo? _____
¿Quién estudia español para trabajar en España? _____
¿Quién habla más de un idioma? _____

c Marca en el texto de la actividad 8a los verbos y completa la tabla.

	habl**ar**	busc**ar**
yo	_____	_____
tú	habl**as**	_____
él / ella / usted	habl**a**	_____
nosotros / nosotras	habl**amos**	_____
vosotros / vosotras	habl**áis**	_____
ellos / ellas / ustedes	habl**an**	_____

d En parejas. Cada uno/-a formula dos preguntas sobre las personas y las hace a su compañero/-a.

¿Quién…? · ¿Dónde…? · ¿Qué…? · ¿De dónde…? · ¿Para qué…?

¿Qué idiomas habla …? ¿Para qué estudia español …?

12–13

e Y tú, ¿para qué estudias / usas español? Marca tus motivos en la lista. Después coméntalos con tu compañero/-a.

Estudio / Uso español para…

☐ contactar con clientes de Latinoamérica.
☐ buscar trabajo en una empresa española.
☐ trabajar en una empresa internacional.

☐ chatear con mis amigos.
☐ estudiar en España.
☐ participar en congresos internacionales.

9 Después de la clase

a Escucha y marca si las personas hablan del trabajo / de la clase o del tiempo libre. ▶▶ 13 – 17

	1	2	3	4	5
trabajo / clase					
tiempo libre					

b En grupos de tres. Lee las preguntas y marca tus opciones personales. Luego, pregunta a dos compañeros.

¿Quién…?	Yo	_____	_____
usa el móvil en clase	☐	☐	☐
habla español con amigos hispanohablantes	☐	☐	☐
busca unas prácticas para las vacaciones	☐	☐	☐
no practica deporte	☐	☐	☐
escucha música en español	☐	☐	☐
estudia y trabaja	☐	☐	☐
no viaja a países extranjeros en las vacaciones	☐	☐	☐
toca la guitarra	☐	☐	☐

c Presentad los aspectos comunes y diferentes a la clase.

Lucas y yo no practicamos deporte.
Lucas y Sarah trabajan y yo, no.

↗ 14 – 15

Recuerda
la negación, p. 13
los pronombres, p. 13

10 Un juego en grupos de cuatro

Puedes moverte en todas las direcciones, una casilla cada vez. Si contestas bien, puedes avanzar. ¿Quién recuerda los datos de los compañeros?

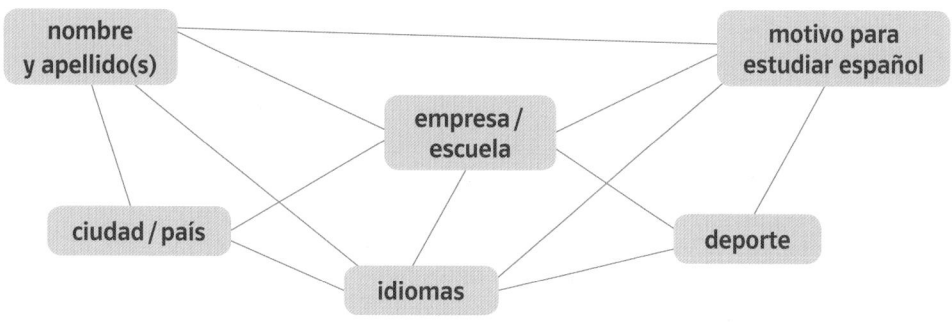

↗ 16 – 18

Te toca a ti

11 Carta de presentación

Para ganar un curso de español en España, tienes que redactar una carta. Escribe los siguientes datos: quién eres, de dónde eres y para qué estudias español.

Estimados señores:

_____

_____

_____

_____

Cordiales saludos,

_____

TALLER ESCRITURA
> La fecha se pone a la derecha.
> En el saludo se usan dos puntos (:) y en la despedida, la coma (,).
> Después del saludo se escribe mayúscula.
> Otras despedidas formales: *Un cordial saludo, Atentamente…*

12 Inscripción en la escuela de español

En parejas. Eres el / la ganador/a del curso. Te presentas en la escuela de español para inscribirte. Tu compañero/-a trabaja en la recepción.

Estudiante	**Secretario/-a de la escuela**
Saludas.	
	Saludas y preguntas por el nombre.
Dices tu nombre.	
	Preguntas por el apellido.
Dices tu apellido.	
	Preguntas por la ciudad / el país de origen.
Dices de dónde eres.	
	Preguntas por sus motivos para estudiar español.
Explicas tus motivos.	

TALLER COMUNICACIÓN
> Para preparar lo que vas a decir, puedes consultar la página 18.
> Si no entiendes o hablan muy rápido, usa las frases de la p. 188.

MI FICHA

Aquí puedes poner tu resumen personal de la lección:
expresiones y gramática útil, estrategias, qué (no) te gusta…

_____

_____

_____

_____

_____

_____

_____

MERCOSUR

Sede Montevideo, Uruguay

Población 275 millones

Lema "Nuestro Norte es el Sur"

Superficie 12.794.689 km²

Página web www.mercosur.int

PIB $3,641 billones

Lenguas oficiales español, portugués y guaraní

Países miembros Argentina, Brasil, Paraguay, Uruguay, Venezuela y Bolivia

Países asociados Chile, Colombia, Perú, Ecuador, Guyana y Surinam

Objetivos integrar las economías y mejorar la vida de los habitantes

MERCOSUR

// MERCOSUR //

Un mercado común

" ¿Está de moda el español? Tiene casi 450 millones de hablantes. Es la 3ª lengua más hablada del mundo y la lengua oficial de 21 países. Según el Instituto Cervantes, unos 20 millones de personas estudian español. Además, es la 2ª lengua de comunicación en las actividades económicas. "

Alexandra, profesora, Puebla (México)

¿Y tu lengua? ¿Se habla también en otros países?

Comunicación

saludar y presentarse

- Hola, ¿cómo te llamas?
- ¿Cómo se llama usted?
- Buenos días, soy Ana.

- Soy…
- Me llamo…
- Hola, ¿qué tal?

preguntar por el significado

- ¿Qué significa "producto"?
- ¿"Producto" significa…?
- ¿"Redes sociales" significa…?

- Creo que significa…
- Sí. / No.
- No sé.

hablar de los motivos para estudiar español

Estudio español para hablar con mis colegas.
Necesito español para buscar trabajo en España.
Uso español para chatear con mis amigos de Perú.

hacer preguntas e identificar

- ¿Qué es España?
- ¿Qué son los tacos?
- ¿Quién es Shakira?

- Para mí, España es arte.
- Una comida de México.
- Es una cantante pop.

hablar del origen

- ¿De dónde eres?
- ¿De dónde es usted?

- Soy de Holanda.
- Soy de Alemania.

- ¿Sois de Colombia?
- ¿Son ustedes de Madrid?

- Sí.
- No, somos de Vigo.

hablar de idiomas

- ¿Qué idiomas hablas?
- ¿Qué idiomas estudias?

- Inglés y francés.
- Estudio español y ruso.

los números hasta 10 > 7.1

Gramática

el artículo determinado > 3.1

	masculino	femenino
singular	**el** producto	**la** página
plural	**los** productos	**las** páginas

el artículo indeterminado > 3.2

masculino	femenino
un producto	**una** página
unos productos	**unas** páginas

El plural del artículo indeterminado significa *algunos/-as*.

el género de los sustantivos > 2.1

masculino	femenino
éxit**o**	empres**a**
catálog**o**	guitarr**a**
fútbol	lecc**ión**
arte	ciu**dad**
tenis	red

No existe el género neutro. Los sustantivos en **-o** son generalmente masculinos. Los sustantivos en **-a**, **-ión**, **-dad** son normalmente femeninos. Excepciones: **el día, el** programa, **la** foto. Los sustantivos en **-e** o en consonante se aprenden con el artículo.

el número de los sustantivos > 2.2

vocal + s	consonante + es
éxito > éxito**s**	hotel > hotel**es**
feria > feria**s**	ciudad > ciudad**es**
noche > noche**s**	lección > leccion**es**

OJO Los sustantivos con acento en la última sílaba lo pierden en el plural.

los pronombres personales > 6.1

yo
tú
él / ella / usted
nosotros / nosotras
vosotros / vosotras
ellos / ellas / ustedes

Los pronombres personales se usan solo para enfatizar o contrastar:
Yo soy de Vigo y **ella** es de Cádiz.
Usted / Ustedes son formas de cortesía y se usan con la 3ª persona:
¿Es **usted** Antonio Véjar? ¿Hablan **ustedes** español?
En Latinoamérica se usa **ustedes** en lugar de **vosotros / vosotras**.
El masculino plural se usa para referirse a grupos mixtos: él y ella = **ellos**

el verbo *ser* > 9.1.2

	ser
yo	soy
tú	eres
él / ella / usted	es
nosotros / nosotras	somos
vosotros / vosotras	sois
ellos / ellas / ustedes	son

los verbos regulares en *-ar* > 9.1.1

	estudiar
yo	estudi**o**
tú	estudi**as**
él / ella / usted	estudi**a**
nosotros / nosotras	estudi**amos**
vosotros / vosotras	estudi**áis**
ellos / ellas / ustedes	estudi**an**

Todos los verbos regulares en **-ar** se conjugan igual que **estudiar**. Las formas se acentúan en la raíz excepto la 1ª y 2ª persona plural (nosotros / vosotros).

la negación > 13.2

- ¿Eres de Perú?
- **No, no** soy de Perú.

Lionel Messi **no** es de Barcelona.
La paella **no** es una comida de Cuba.

No se usa siempre antes del verbo.

Mi hobby: los viajes

Mi profesión: guía turística

Metas profesionales // 2

presentar a alguien // preguntar por el estado // el alfabeto // preguntar por la edad //
el número de teléfono y el correo electrónico // informar sobre la profesión y el lugar de trabajo

1 Mi hobby, mi profesión

a Mira la publicidad de una feria de empleo para estudiantes de formación profesional.
¿Qué otras profesiones pueden interesar a la chica del anuncio?

auxiliar sanitario/-a · traductor/a · experto/-a en logística · programador/a · recepcionista ·
comercial de exportación · representante de ventas · secretario/-a internacional ·
agente de viajes · diseñador/a · empleado/-a de banco

b ¿En qué sector trabajan estos profesionales?

idiomas · moda · transporte · turismo · tecnología · medicina · banca

c En grupos. ¿Conocéis otras profesiones en español? ⤴ 1

¿Qué tal?

2 Primeros contactos en la feria

a Mira estas personas. ¿Qué situaciones son formales? ¿En tu país se usa *tú* o *usted* en estas situaciones?

b Lee y escucha los diálogos. ¿A qué foto corresponde cada diálogo? Subraya los saludos y expresiones que conoces. ▶▶ 18 – 20

1.
- Buenos días, soy Gabriela Páez, directora de la feria. Bienvenido.
- Mucho gusto, señora Páez. Soy Rodolfo Vega, director de Viajes Mediterráneo.
- Encantada. Esta es la señora Marina Alcántara, mi asistente.
- Encantado, señora Alcántara. ¿Cómo está?
- Bien, gracias, ¿y usted?

2.
- Señor Vega, usted es de Chile, ¿verdad?
- Sí, de Santiago. Represento a la empresa Viajes Mediterráneo.
- ¡Qué interesante!
- Y usted, ¿de dónde es?
- Soy de aquí, de Madrid.

3.
- Hola, ¿qué tal? Soy Alejandro.
- Encantada. Me llamo Marta y esta es Paula. Estudiamos Comercio y Marketing. ¿Y tú?
- Yo, Turismo.
- ¿Eres de aquí, de Madrid?
- Sí, sí… ¿Vosotras también?
- No, somos de Málaga, pero estudiamos aquí.

c Rellena las tarjetas con las informaciones de los diálogos y compara con un/a compañero/-a.

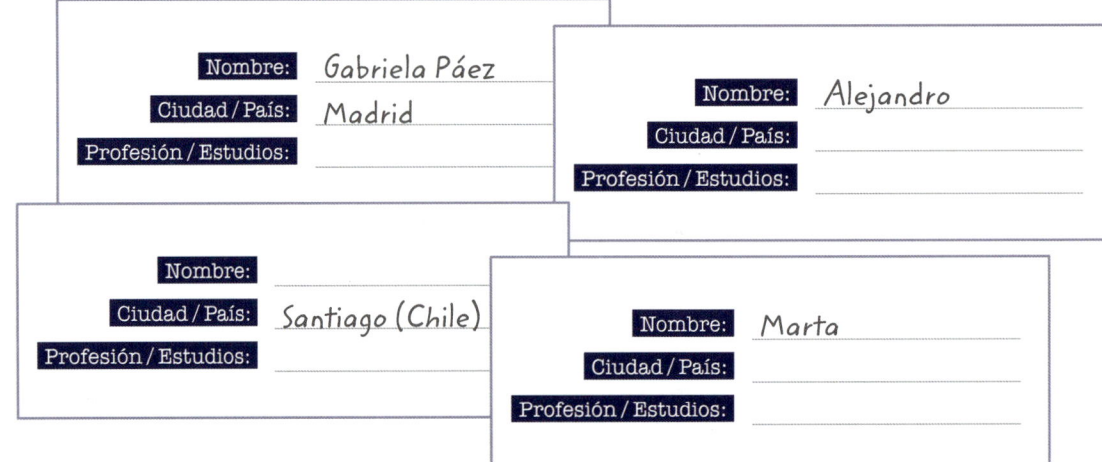

Nombre:	Gabriela Páez
Ciudad / País:	Madrid
Profesión / Estudios:	

Nombre:	Alejandro
Ciudad / País:	
Profesión / Estudios:	

Nombre:	
Ciudad / País:	Santiago (Chile)
Profesión / Estudios:	

Nombre:	Marta
Ciudad / País:	
Profesión / Estudios:	

d Completa la tabla con las expresiones de los diálogos. ¿Cómo se presenta a alguien? ¿Cuándo se dice *encantado* y cuándo *encantada*? ¿Y *mucho gusto*?

formal	informal	reacción
• Este es el señor Vega.	• Este es Alejandro.	◦ Encantado. / Encantada.
• _____ es la señora Alcántara.	• Esta es Paula.	◦ Mucho gusto.
• ¿Cómo está usted?	• ¿Cómo estás?	◦ Muy bien, gracias. / Regular.
	• _____	◦ Bien, gracias, ¿y tú / usted?

e En grupos de tres. Una persona presenta a las otras dos. Estas reaccionan.

Mario, esta es Inés.   Encantada, Mario. ¿Cómo estás?   Bien, gracias, ¿y tú?

3 **¿Tú o usted?**

a Escucha estas situaciones y marca si las personas hablan de *tú* o de *usted*. ▶▶ 21 – 25

	1	2	3	4	5
tú / vosotros					
usted / ustedes					

↗ 2 – 5

b En parejas. Transformad las formas de *tú / usted* en los diálogos de la izquierda.

4 **¿Cómo se escribe?**

a Los participantes de la feria necesitan deletrear su nombre en la inscripción. Escucha el alfabeto en español. ¿Qué letras se llaman de forma diferente en tu lengua? ▶▶ 26

A a	G ge	M eme	R erre	X equis
B be	H hache	N ene	S ese	Y ye (i griega)
C ce	I i	Ñ eñe	T te	Z zeta
D de	J jota	O o	U u	
E e	K ka	P pe	V uve	
F efe	L ele	Q cu	W uve doble	

deletrear
é   e con acento
ü   u con diéresis
M   eme mayúscula
m   eme minúscula

• ¿Cómo se escribe?
◦ a – ye – a – ele – a.

• ¿Con ye o con i?
◦ Con ye y sin acento.

b Pregunta a tres compañeros por su nombre y apellido y cómo se escribe.

c En parejas. Una palabra difícil. Busca una palabra en el vocabulario (p. 162) y deletréala a tu compañero/-a. Preguntad por su significado si no lo sabéis.

↗ 6

5 **Para conocerse**

En grupos de dos o tres. Con ayuda de los diálogos de la actividad 2b, escribid uno con vuestros propios datos. Luego, representadlo en clase.

Recuerda
saludar, p. 7
hablar del origen, p. 12

Datos personales

6 Profesiones con futuro

a Relaciona estas profesiones con las fotos. ¿Cómo se llaman en tu idioma?

☐ ingeniero/-a	☐ secretario/-a	☐ biólogo/-a	☐ cocinero/-a	☐ vendedor/a virtual
☑ informático/-a	☐ médico/-a	☐ contable	☐ policía	☐ recepcionista

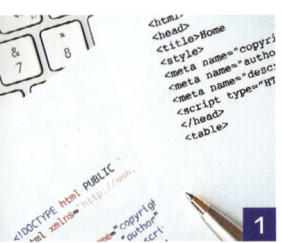   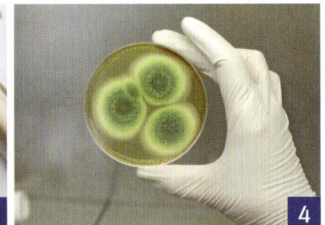 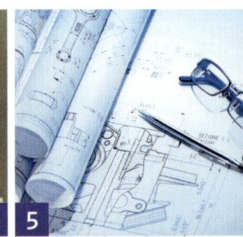

Recuerda
los idiomas, p. 14

b Comenta con tus compañeros qué profesionales necesitan idiomas en su trabajo.

Un ingeniero necesita hablar inglés.

c Mira la tabla. ¿Puedes añadir una profesión en cada grupo?

-o/-a	-or/-ora	masculino = femenino
ingeniero / ingeniera	vendedor / vendedora	el / la policía
informático / informática	programador / programadora	el / la recepcionista
biólogo / bióloga	profesor / profesora	el / la representante

el lugar de trabajo
- ¿Dónde trabaja un médico?
- En un hospital.

d Relaciona las profesiones de 6 a con el lugar de trabajo. Luego, compara con tu compañero/-a.

empresa · laboratorio · hotel · banco · agencia de viajes · restaurante · oficina · hospital

e Pregunta a tres compañeros por su trabajo o estudios y toma nota de las respuestas.
Luego, presentad los resultados.

hablar de la profesión y los estudios	
● ¿Qué haces?	○ Soy estudiante.
● ¿Qué hace usted?	○ Trabajo como camarero en un bar.
● ¿Qué estudias?	○ Estudio Marketing.
● ¿Dónde trabajas?	○ Trabajo en un banco.
● ¿Dónde trabaja usted?	○ En una empresa de automóviles.

 7

> más profesiones y estudios, p. 189

7 Números personales

a En cadena, leed estos números.

11	once	16	dieciséis	21	veintiuno	31	treinta y uno	60	sesenta
12	doce	17	diecisiete	22	veintidós	32	treinta y dos	70	setenta
13	trece	18	dieciocho	23	veintitrés		…	80	ochenta
14	catorce	19	diecinueve		…	40	cuarenta	90	noventa
15	**quin**ce	20	veinte	30	treinta	50	cincuenta	100	cien

b En grupos de cuatro. Una persona dice dos números entre 1 y 9. Su compañero/-a dice el número que se forma con las dos cifras, luego dice otras dos cifras.

Ocho, tres. Ochenta y tres. Cuatro, siete. …

c Dos personas intercambian sus datos en la feria. Escucha y completa los datos que faltan. ▶▶ 27

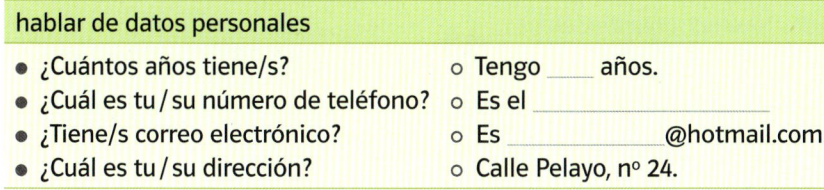

hablar de datos personales		correo		tener
● ¿Cuántos años tiene/s?	○ Tengo ____ años.	@ arroba		tengo
● ¿Cuál es tu/su número de teléfono?	○ Es el _____	. punto		**tie**nes
● ¿Tiene/s correo electrónico?	○ Es _____@hotmail.com.	- guion		**tie**ne
● ¿Cuál es tu/su dirección?	○ Calle Pelayo, nº 24.	_ guion bajo		tenemos
		¿Junto o separado?		tenéis
				tienen

d En parejas. Te interesa saber si tu compañero/-a tiene estas cosas. Hazle preguntas y toma nota de las respuestas. Luego, presentad los aspectos comunes.

tableta o móvil · coche o moto · novio/-a · cuenta en twitter/facebook · amigos latinoamericanos

ES: el móvil
LA: el celular

8 La agenda de la oficina

En parejas. En tu agenda de la oficina faltan algunos datos. Pregunta a tu compañero/-a.
Él/Ella contesta y te pregunta por tus datos.

Alumno A

José Gil Iglesias
c/ Colón, nº ____, 27415 Vigo

gil@telemail.com

Raúl
Pl. ____, nº35, 47017 Sevilla
95 4449021

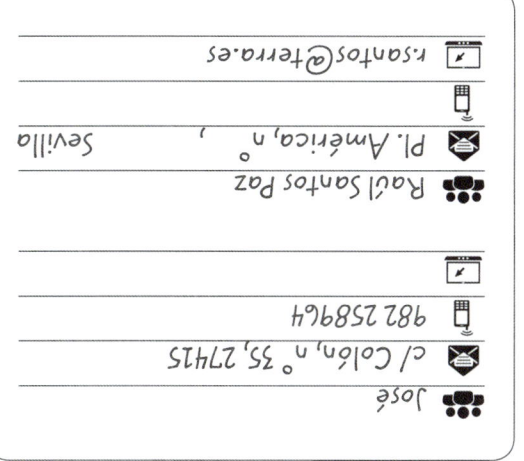

rsantos@terra.es

Pl. América, nº ____, Sevilla
Raúl Santos Paz

982 258964

c/ Colón, nº 35, 27415

José

Alumno B

↗ 8–12

abreviaturas
c/ calle
Av. avenida
Pl. plaza
nº número

Perfil profesional

9 Una joven profesional

a Ana habla de sus prácticas en un hotel.
Lee el texto y completa la ficha con sus datos.

" Me llamo Ana Roche Romero. Soy de Zaragoza y
vivo en Madrid. Estudio Turismo en la Universidad
Complutense. Gracias a mis prácticas en el departamento de Marketing de la cadena de hoteles NH tengo
experiencia en el sector de la hostelería. Mi trabajo
es muy interesante: leo y respondo los correos de
los clientes, colaboro en la organización de eventos
y escribo informes para el director. Siempre aprendo
algo nuevo. Además, tengo contacto con empresas
internacionales porque hablo muy bien inglés y alemán.
Estos días, mi colega Marta y yo representamos a
NH en la feria de empleo. En el stand informamos a
estudiantes y diplomados jóvenes y respondemos
a sus preguntas. "

Nombre:	
Lugar de nacimiento:	Zaragoza
Lugar de residencia:	
Estudios:	
Puesto:	
Idiomas:	

b Marca en el texto las actividades de Ana. ¿Qué formas de los verbos conoces ya?

c Completa la tabla con las formas que faltan. Mira las terminaciones.
¿Qué similitudes y diferencias hay?

	aprend**er**	escrib**ir**
yo	_____	_____
tú	aprend**es**	escrib**es**
él / ella / usted	aprend**e**	escrib**e**
nosotros / nosotras	aprend**emos**	escrib**imos**
vosotros / vosotras	aprend**éis**	escrib**ís**
ellos / ellas / ustedes	aprend**en**	escrib**en**

d Con ayuda de estas palabras, escribe dos frases con información correcta y dos frases
con información falsa sobre el texto de Ana.

Ana	vivir	en Madrid · en Zaragoza · en Barcelona
	ser	secretaria · estudiante · empresaria
	organizar	eventos · reuniones · seminarios
	escribir	informes · correos · artículos
	aprender	idiomas · siempre algo nuevo
	tener	contacto con empresas internacionales · con clientes
	hablar	inglés · alemán · francés · italiano

⤢ 13–16

Recuerda
la negación, p. 13

e En grupos de tres. Lee tus frases. Tus compañeros dicen si son correctas o no
y corrigen la información falsa.

10 Los compañeros de trabajo

a Es el primer día de trabajo de un nuevo empleado en el hotel. ¿Quiénes son sus compañeros?
Escucha y relaciona. ▶ 28

nombre	departamento	puesto
Ana	Personal	responsable de sistemas
Daniel	Marketing	auxiliar administrativo
Jorge	Informática	estudiante en prácticas

b Marca qué actividades se hacen en estos puestos. Luego, compara con un/a compañero/-a.

	director/a	asistente de dirección	comercial de ventas
participar en reuniones	☒	☒	☐
ser responsable de la organización de seminarios	☐	☐	☐
tener contacto con empresas	☐	☐	☐
llevar la agenda del director / de la directora	☐	☐	☐
vender productos y servicios	☐	☐	☐
responder a correos de los clientes	☐	☐	☐
asistir a ferias y congresos	☐	☐	☐
llevar la contabilidad	☐	☐	☐

Un/a asistente de dirección lleva…

Un/a director/a es responsable de…

describir la función
Lleva la contabilidad.
Organiza…
Es responsable de…

de + artículo
del
de la

🔖 17–18

11 El organigrama de un departamento

En parejas. Cread el organigrama de un departamento. Decidid los puestos, el nombre
y las actividades de cada persona. Luego, presentadlo a la clase.

Este es el departamento de…

La directora es Juana Sánchez. Es responsable de…

DEPARTAMENTO DE _____

Juana Sánchez
DIRECTORA

responsable

> más departamentos,
p. 190

Te toca a ti

12 Tu nuevo perfil profesional

Para crear nuevos contactos profesionales, crea tu perfil en una red social profesional.
Elige una de las siguientes profesiones (o usa la tuya).

auxiliar administrativo/-a • director/a de Marketing

TALLER DE ESCRITURA
> Repasa el vocabulario de puestos y funciones.
> El texto de la p. 24 y la actividad 10 te pueden ayudar a describir las funciones del puesto.

Contact@: red de profesionales

DATOS PERSONALES:

nombre _____
edad _____
dirección _____
correo y teléfono _____
profesión / estudios _____
empresa _____

FUNCIONES DEL PUESTO: _____
_____

13 Una entrevista

En parejas. Haz preguntas a tu compañero/-a para conocer su identidad y toma notas.

DATOS PERSONALES:

nombre: _____
apellido(s): _____
edad: _____
dirección: _____
correo electrónico: _____
profesión / estudios: _____
empresa: _____
teléfono / móvil: _____

FUNCIONES DEL PUESTO: _____
_____

TALLER DE COMUNICACIÓN
> Antes de la entrevista, piensa en las preguntas y escríbelas. Decide con tu compañero/-a el tratamiento de *tú* o *usted*.
> Escucha con interés. Usa recursos como: *¡Qué interesante!*

MI FICHA

_____
_____
_____
_____
_____

ARGENTINA

Capital Buenos Aires

Población 41,1 millones

Superficie 2.780.400 km²

PIB $471 mil millones

Moneda peso argentino

Lengua oficial español

Temperatura máx. 30° enero, mín. 7° julio

mayor productor de mate

25 millones de personas con ascendencia italiana

2 copas del mundo

5 premios Nobel

3000 turistas asisten a un espectáculo de tango al día

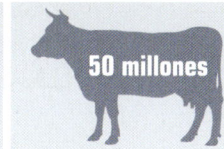

50 millones

// ARGENTINA //

Más que tango y asado

" En Argentina no usamos la forma *tú* sino *vos*. Hablamos de *vos* con amigos, con la familia y con la gente joven en general. Con la gente mayor, hablamos de *usted*. En la oficina, normalmente hablamos de *vos*, también con los jefes o clientes si ya los conocemos.
¿Y el saludo? En una situación informal damos un beso, también entre colegas. Si la situación es formal, damos la mano. "

Marcelo, redactor, Córdoba

¿Y tú? ¿A quién hablas de *usted*? ¿A quién das un beso para saludar?

Comunicación

presentar a alguien

- Soy…
- Este es el señor Vega.
- Esta es Paula Díaz.
- Encantado. (m)
- Encantada. (f)
- Mucho gusto.

preguntar por el estado

- ¿Cómo estás?
- ¿Cómo está usted?
- ¿Qué tal?
- Muy bien, gracias. ¿Y tú?
- Bien, gracias. ¿Y usted?
- Regular.

preguntar por datos personales

- ¿Cuál es tu / su teléfono?
- ¿Cuál es tu / su número de móvil?
- ¿Tiene/s correo electrónico?
- ¿Cuál es tu / su correo electrónico?
- ¿Cuál es tu / su dirección?

- Es el 24 56 778.

- Es rosa@aol.com.

- Calle Comercio, nº 3.

correo electrónico

- @ arroba
- . punto
- – guion
- _ guion bajo

¿Junto o separado?

dirección

- c/ calle
- Av. avenida
- Pl. plaza
- nº número

preguntar por la profesión y el lugar de trabajo

- ¿Qué haces?
- ¿Qué hace usted?
- ¿Dónde trabajas?
- ¿Dónde trabaja usted?

- Soy ingeniera.
- Trabajo como camarero.
- Trabajo en un banco.
- En una empresa de automóviles.

preguntar por los estudios

- ¿Qué estudias?
- Turismo.
- ¿En qué universidad?
- En la Universidad de Santiago.

describir la función de un puesto

Lleva la contabilidad de la empresa.
Lleva la agenda del director.
Es responsable de la página web.

Organiza seminarios para los empleados.
Responde a los correos de los clientes.
Asiste a ferias y congresos.

preguntar por la edad

- ¿Cuántos años tiene/s?
- Tengo 20 años.

los números del 11 al 100 > 7.1

Gramática

deletrear / el alfabeto > 1.1

- ¿Cómo se escribe…?
- ¿Ayala se escribe con i?
- ¿Con acento o sin acento?
- ¿Se escribe con mayúscula?
- pe – i – ele…
- No, con ye.
- Sin acento.
- No sé.

el artículo con la preposición *de* > 3.1

Es responsable	**del** contacto con clientes.
	de la agenda.
	de los empleados.
	de las empresas.

sustantivos de profesión > 2.1

-o/-a	-or/-ora	m / f
biólogo / bióloga	profesor / profesora	representante
cocinero / cocinera	vendedor / vendedora	policía
empleado / empleada	programador / programadora	recepcionista
ingeniero / ingeniera	traductor / traductora	auxiliar

La mayoría de los sustantivos en **-e**, **-ía**, **-ista** y consonante tiene una sola forma: el / la contable.
OJO el jefe / la jefa

verbos regulares en *-er* e *-ir* > 9.1.1

	aprender	vivir
yo	aprendo	vivo
tú	aprendes	vives
él / ella / usted	aprende	vive
nosotros / nosotras	aprendemos	vivimos
vosotros / vosotras	aprendéis	vivís
ellos / ellas / ustedes	aprenden	viven

el verbo *tener* > 9.1.2

tener
tengo
tienes
tiene
tenemos
tenéis
tienen

OJO
Para decir la edad usamos **tener**:
~~Soy~~ **Tengo** 20 años.

En muchas situaciones de trabajo es muy importante comprender un mensaje. En esta sección tienes la posibilidad de entrenar las habilidades necesarias y desarrollar estrategias adecuadas. Además, puedes repasar contenidos en forma de juego.

Comprender mejor

a ¿Cuáles de estos sectores piensas que están representados en una feria de biocultura?

> lectura: activar conocimientos, p. 119

b Lee ahora el cartel de la feria y marca las palabras que entiendes. ¿Qué te ayuda a entenderlas?

c Tu empresa participa en la feria. Escribe en tu idioma un resumen para tu jefe/-a con estas informaciones.

– ¿Dónde es?
– ¿Cuándo es?
– ¿Cuántas empresas participan?
– ¿De qué sectores son las empresas?

GUÍA DE ACTIVIDADES

BioCultura bio

Del 14 al 17 de noviembre
30ª edición - Pabellón 9
IFEMA · Feria de Madrid

800 expositores
300 actividades

Precios: adultos 6€
Niños hasta 6 años: gratis
Horarios: 10.00-20.00

alimentación "bio" · cosmética ecológica · terapias · ropa y calzado orgánicos · bioconstrucción · turismo rural
MAMÁ TIERRA, FESTIVAL ECOLÓGICO DE LA INFANCIA

> mediación, p. 119

d Mira estas fotos y apunta algunas palabras o frases que asocias con las situaciones. Luego, escucha un diálogo y relaciónalo con la foto correspondiente. ▶▶ 29

1

2

3

> audición: activar esquemas, p. 119

Juego de verbos y pronombres

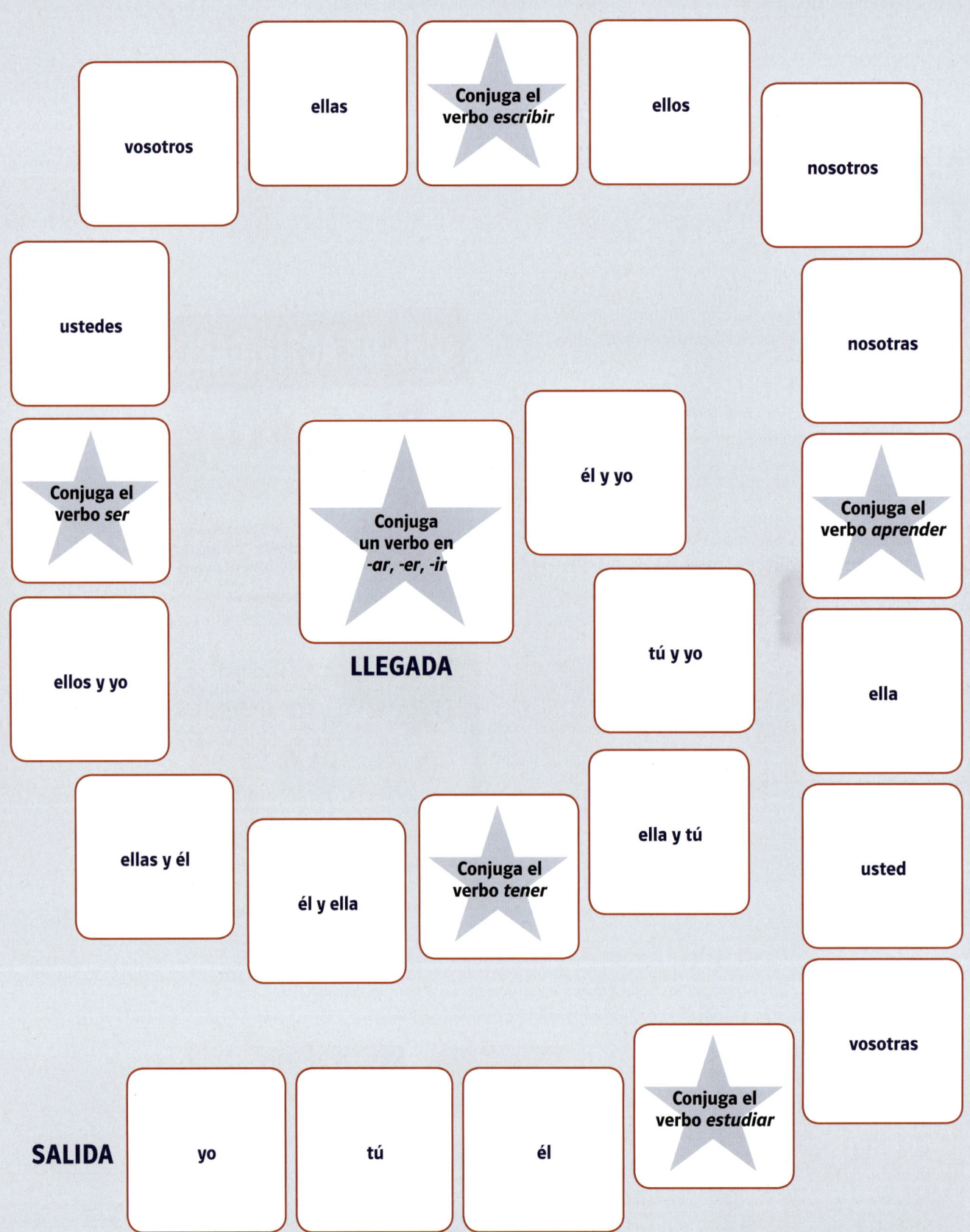

vosotros

ellas

Conjuga el verbo *escribir*

ellos

nosotros

ustedes

nosotras

Conjuga el verbo *ser*

él y yo

Conjuga el verbo *aprender*

Conjuga un verbo en -ar, -er, -ir

LLEGADA

ellos y yo

tú y yo

ella

ellas y él

él y ella

Conjuga el verbo *tener*

ella y tú

usted

vosotras

SALIDA

yo

tú

él

Conjuga el verbo *estudiar*

Mi año de prácticas

Mario Aquí tenéis unas fotos de mi año en México.

COMENTARIOS:

Isabel ¡Qué familia tan simpática!

Felipe Sí, sí, tu compañera de clase ;-)

Laura ¿Es tu compañero de trabajo o tu jefe?

Rubén Un año de prácticas... en la playa con tus amigos :-)

Familia y compañía // 3

hablar de la familia // describir el carácter y el aspecto // hablar de gustos // decir la fecha y el cumpleaños // preguntar por cantidades

1 Mi año de prácticas en México

a Mira las fotos de Mario y relaciónalas con los comentarios.

b ¿Qué relación tienen las personas de las fotos con Mario? Subraya las palabras en los comentarios.

c ¿Dónde tienes fotos de la familia o de los amigos? Marca tus respuestas y compara después con tus compañeros.

- ☐ en el móvil
- ☐ en el ordenador
- ☐ en la oficina
- ☐ en la cartera
- ☐ en un álbum
- ☐ en casa
- ☐ en una caja especial
- ☐ no tengo fotos

Y la familia, ¿qué tal?

2 Carmencita

a Mira las fotos de la empresa Carmencita. ¿Qué tipo de empresa crees que es?

familiar · multinacional · de alimentación · de moda · de comunicación · de cosmética · ...

b Lee la entrevista con el director de la empresa y comprueba tus hipótesis.
Después, marca todas las palabras relacionadas con la familia.

» **Sr. Navarro, mucha gente asocia la "paella" con la empresa Carmencita. ¿Dónde está su secreto?**
» El amor de mi familia por las especias. Aquí trabajan mis hermanos, mis primos y sus hijos con la misma filosofía que mi abuelo, Jesús Navarro Jover, el fundador de la empresa: crear productos de calidad.

» **La niña del logo está en las cocinas de muchas familias. Es su tía, ¿verdad?**
» Sí, es mi tía Carmen, Carmencita, la hija mayor de mi abuelo. El logo es el símbolo de la tradición, pero también de la nueva gastronomía española.

» **Pero no solo en España se venden las especias de Carmencita, ¿no?**
» No, claro. Exportamos a toda Europa. Nuestros productos están también en países como India y Estados Unidos. Los productos para cocinar paella son el número 1.

OJO
padre + madre = padres
hijo + hija = hijos

> más familia, p. 191

---

c Completa la lista con los nombres de familia que faltan. ¿Qué significan en tu idioma?

| el padre | la madre | el _____ | la abuela | el tío | la _____ |
| el hijo | la _____ | el nieto | la nieta | el hermano | la hermana |

d Fíjate en la tabla. ¿Qué formas tienen masculino y femenino? ¿Qué significa *su* y *sus* en las frases de la izquierda?

singular		plural	
mi	tío / tía	**mis**	tíos / tías
tu	tío / tía	**tus**	tíos / tías
su	tío / tía	**sus**	tíos / tías
nuestro	tío / **nuestra** tía	**nuestros**	tíos / **nuestras** tías
vuestro	tío / **vuestra** tía	**vuestros**	tíos / **vuestras** tías
su	tío / tía	**sus**	tíos / tías

🔲 1–2

---

su / sus
Carmen y **su** secreto.
Sr. Navarro, ¿es **su** tía?
mis primos y **sus** hijos

e En parejas. Haz cuatro preguntas a tu compañero/-a con estos elementos.
Tomad nota de las respuestas y explicad al resto de la clase si tenéis algo en común.

¿Cómo se llama/n		mejor amigo/-a?
¿Dónde vive/n	tu / tus	padres?
¿Cuántos años tiene/n	su / sus	abuelos?
¿Qué hace/n		hermano/-a?

....
cuántos / cuántas
Cuántos años tiene?
Cuántas personas son?
....

f En grupos de tres. Haz una lista con el nombre de las personas que consideras tu familia.
Comparad las listas y preguntad a vuestros compañeros quiénes son las personas.

3 Datos de la empresa

a Completa con los números que faltan. Luego, leedlos en voz alta por turnos.

100	cien	500	**qui**nientos	1000	mil
101	ciento uno	600	seiscientos	2000	dos mil
200	doscientos	700	**se**tecientos	10.000	_____
300	_____	800	_____	100.000	cien mil
400	_____	900	**no**vecientos	1.000.000	un millón

b Escucha el reportaje y completa los datos. Luego, compara con tus compañeros. ▶▶ 30

1. Es una empresa familiar con casi _____ años de historia.
2. En ella trabajan _____ empleados.
3. Sus productos están en _____ países.
4. La empresa está en Novelda, a unos _____ kilómetros de Valencia.
5. Tiene más de _____ productos diferentes en el catálogo.

....
estar
estoy
estás
está
estamos
estáis
están

ser / estar
_____ : lugar
_____ : identidad
....

c Lee otra vez las frases y marca con un color el verbo *ser* y con otro el verbo *estar*.
¿Con cuál expresamos *lugar* y con cuál *identidad*?

4 Empresas familiares

En grupos. Pensad en una empresa y presentadla a la clase. Los otros intentan adivinar
qué empresa es.

– ¿Qué tipo de empresa es?   – ¿De dónde es?
– ¿Dónde están sus productos?   – Otras informaciones

⤢ 3–6

De tal palo, tal astilla

5 **Trabajo en familia**

a En el restaurante Arzak trabajan juntos Juan Mari y su hija Elena. Lee las descripciones y escribe debajo el nombre de la persona.

- Sus platos son excelentes.
- Es simpático, alegre y optimista.
- Es ya mayor, pero cree que con más de 70 años todavía es joven.
- Tiene dos hijas.
- Sus aficiones: comprar en el mercado y el golf.

> _____

- Su cocina es muy creativa.
- Es morena, no muy alta y delgada.
- Es natural, activa y un poco reflexiva.
- Es una persona encantadora y muy trabajadora.
- Tiene dos hijos.
- Sus aficiones: viajar y leer.

> _____

b Lee otra vez las descripciones. Marca los adjetivos que se refieren a Juan Mari y a Elena y completa el mapa asociativo.

Juan Mari

alegre

Elena

morena

c Fíjate en las terminaciones de los adjetivos y completa la tabla. ¿Qué adjetivos no cambian en singular? ¿Cómo se forma el plural?

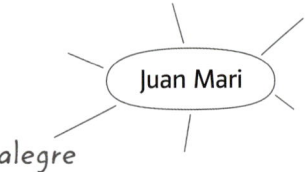
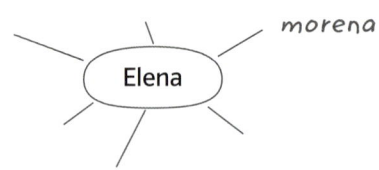

	masculino	femenino
singular	delgad___ alegre natural	delgad___ alegre natural
singular	delgados alegres naturales	delgadas alegres naturales

OJO
una chica alt**a**
Ella es alt**a**.

d Escucha los comentarios que hacen los amigos y clientes de Juan Mari y Elena. Marca a quién se refieren. ▶▶ 31

	1	2	3	4	5	6	7	8
él								
ella								
los dos								

↗ 7

6 Carácter y aspecto

a Clasifica estos adjetivos en carácter y aspecto. Luego, busca los contrarios en la lista de abajo.
¿Qué tres características te parecen importantes para la vida profesional?

_____   _____

comunicativo/-a ↔ _____   joven   ↔ _____
simpático/-a ↔ _____   bajito/-a   ↔ _____
optimista ↔ _____   moreno/-a ↔ _____
alegre ↔ _____   gordito/-a ↔ _____
trabajador/a ↔ _____   guapo/-a   ↔ _____

alto/-a · rubio/-a · delgado/-a · feo/-a · vago/-a · antipático/-a · pesimista · mayor ·
tímido/-a · triste

gordito y bajito
Los diminutivos
de *gordo* y *bajo* se
usan como forma
de cortesía.

b Relaciona tres de estas profesiones con una persona famosa. Después, piensa en adjetivos para describirla. Los otros adivinan de quién se trata.

actor / actriz · escritor/a · cantante · deportista · músico/-a · empresario/-a · político/-a

Es una cantante de Colombia. Es guapa y muy simpática.

gradación
muy   + + +
bastante + +
un poco   –

↗ 8–9

c En parejas. Un/a cliente/-a de la empresa llega al aeropuerto. Tu compañero/-a tiene que recogerlo y te hace preguntas. Elige a una persona del dibujo y responde a las preguntas con *sí* o *no*.

¿Es un hombre?

No.

¿Es una mujer alta?

Sí.

7 ¿Cómo son?

a Escribe un texto con la descripción de algunas personas de tu familia o tus amigos.
Usa al menos seis adjetivos.

Mi padre es moreno y gordito. Es cantante de ópera. Tengo dos hermanas,
una es alta y delgada, la otra es bajita y un poco tímida. Mi compañero de trabajo...

b Intercambiad vuestros textos y comprobad la concordancia entre los sustantivos y adjetivos.

↗ 10–11

Compañeros de trabajo

8 ¿Te gusta trabajar en equipo?

a Haz este test y descubre si te gusta trabajar solo/-a o con otros.

1. En un proyecto, ¿te gusta la gente con opiniones diferentes?
   a. Sí, es muy productivo.
   b. No, es muy caótico.

2. ¿Te gustan las discusiones?
   a. Sí, son parte de la dinámica.
   b. No, necesito armonía.

3. ¿Te gustan los deportes como el fútbol o el baloncesto?
   a. Sí, jugar con otras personas es divertido.
   b. No, hacer deporte solo/-a me gusta más.

4. ¿Te gusta hablar con otras personas de tus ideas?
   a. Sí, es constructivo.
   b. No, mis ideas son para mí.

5. ¿Te gusta la sensación de ser parte de un grupo?
   a. Sí, mucho.
   b. No, soy un poco individualista.

6. ¿Te gusta hacer cosas nuevas?
   a. Sí, no me gusta la rutina.
   b. No, nada.

Mayoría de respuestas a:
Te gusta mucho trabajar en equipo. Escuchas con respeto y hablas de tus ideas de forma clara. Tienes posibilidades de ser líder de tu equipo.
Mayoría de respuestas b:
Te gusta mucho trabajar solo/-a y eres independiente. Son cualidades buenas, pero… hoy colaborar con otras personas es esencial.

b Lee otra vez el test y completa la tabla y la regla. ¿Cuándo se usa *gusta* y cuándo *gustan*?

gusta / gustan

_____ : singular / verbo

_____ : plural

hablar de gustos	
(No) Me gust____	**la** rutina. trabajar en equipo.
(No) Me gust____	**los** deportes. **las** discusiones.

9 Me gusta

a Escribe las expresiones en la columna adecuada según tus gustos.

el café · las reuniones de trabajo · las fiestas de cumpleaños · la comida asiática · tu jefe/-a · usar el teléfono móvil · la ópera · el color rosa · viajar en avión · las fiestas familiares · las personas pesimistas · pasar tiempo con los compañeros después de la clase / del trabajo

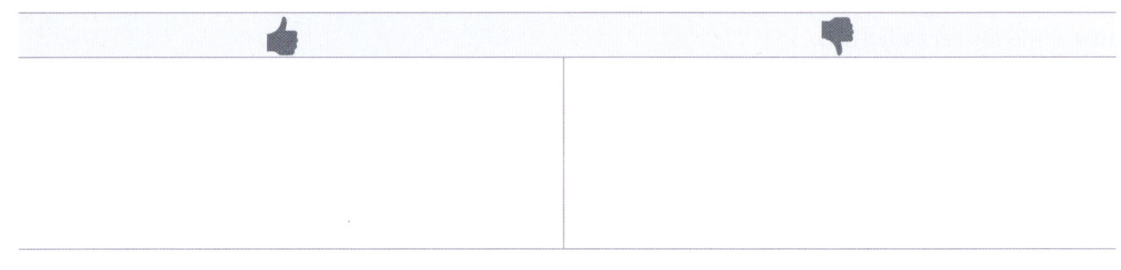

b Pregunta a algunos compañeros por los aspectos de la actividad anterior hasta encontrar tres en común y tres diferentes.

- ¿Te gusta/n…?
- ¿Le gusta/n…?

  o Sí, (mucho).
  o Bastante.
  o (No,) no mucho.
  o No, nada.

12 – 14

10 Un regalo de cumpleaños

a Los compañeros de trabajo de Marta quieren comprarle un regalo por su cumpleaños. Escucha la conversación y marca los objetos que se mencionan. ▶ 32

/ EXPOSICIONES /
Fotografía y Arquitectura
Juan Martínez
"Obra Gruesa"

b Escucha la segunda parte de la conversación y di qué objeto compran. ▶ 33

c En cadena. Di cuándo es tu cumpleaños y explica si lo celebras con una fiesta y con quién. ¿En qué mes hay más cumpleaños en la clase?

enero febrero marzo
abril mayo junio
julio agosto septiembre
octubre noviembre diciembre

Mi cumpleaños es en…

Celebro una fiesta
con mis amigos…

la fecha
ES: el uno de abril
LA: el primero de abril

15 – 17

11 Una familia muy especial

En grupos de tres, inventad un árbol genealógico. Después, describid a los miembros de la familia: qué hacen, cómo son y qué les gusta. Al final, presentad los resultados a la clase. ¿Cuál es la familia más original?

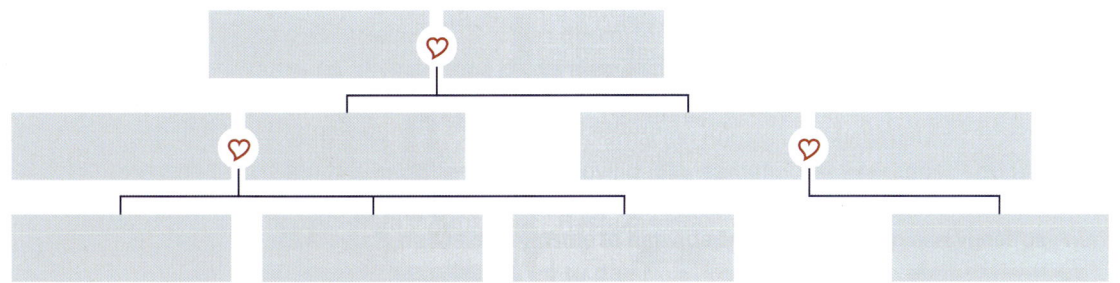

Te toca a ti

12 Mensaje de bienvenida

Tu profesora se presenta en el foro del curso de español. Escribe una respuesta.

Hola a tod@s:

Me llamo Mar Díaz. Tengo 35 años y soy de Salamanca. Ahora vivo en Barcelona con mi familia: mi marido y mis dos hijos, Noel y Marta. Creo que soy una persona alegre y activa, pero un poco caótica. Me gusta mucho cocinar y leer, pero no me gusta hacer deporte.

¿Y tú?

TALLER DE ESCRITURA
> Fíjate en el modelo y escribe una pequeña descripción con tus datos personales, dos características positivas y una negativa y tus hobbys.
> Conoces también algunas palabras para conectar frases como: *pero, o, también…*

13 Una persona especial

Elige a una persona especial para ti y toma nota de estos aspectos. Después, haz preguntas a tu compañero/-a para conocer a la persona que él o ella elige.

– nombre y edad
– relación (familia, compañero/-a, amigo/-a…)
– adjetivos para describir a la persona
– una actividad que te gusta hacer con él / ella
– un aspecto que no tenéis en común

TALLER DE COMUNICACIÓN
> Prepara las preguntas por escrito antes de hacerlas a tu compañero/-a.
> Muestra interés cuando tu compañero/-a habla y usa frases como: *¿De verdad? ¿En serio? ¡Qué interesante!*

MI FICHA

PARAGUAY

Capital Asunción

Población 6,6 millones

Superficie 406.752 km²

PIB $26 mil millones

Moneda guaraní

Lenguas oficiales español y guaraní

Temperatura máx. 33° enero, mín. 13° julio

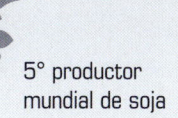
5° productor mundial de soja

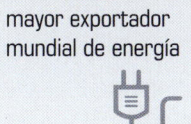
mayor exportador mundial de energía

310 días al año

el 80% de la población habla **guaraní**

30.000 menonitas de origen alemán

comparte con Brasil la segunda presa más grande del mundo: Itaipú

> *Amigo* es casi una palabra internacional. Aquí usamos *amigo* muy rápido, a veces para personas que no tienen una relación muy larga con nosotros. Si de verdad no conocemos a esta persona, usamos más la palabra *conocido*.
> En general separamos poco la vida profesional y privada. La familia es un tema de conversación normal, también con nuestros colegas de trabajo o con socios y clientes. Es habitual preguntar: ¿Qué tal la familia? ¿Todo bien en casa?

Juan, informático, Asunción

¿Y tú? ¿A quién llamas *amigo*? ¿Hablas mucho de tu familia en clase o en el trabajo?

// PARAGUAY //

El corazón de Sudamérica

hablar de la familia

				OJO
el abuelo	la abuela	el tío	la tía	
el padre	la madre	el hermano	la hermana	el padre + la madre = los padres
el nieto	la nieta	el hijo	la hija	el hermano + la hermana = los hermanos

describir el aspecto

alto/-a	↔	bajito/-a
moreno/-a	↔	rubio/-a
gordito/-a	↔	delgado/-a
guapo/-a	↔	feo/-a
joven	↔	mayor

describir el carácter

simpático/-a	↔	antipático/-a
comunicativo/-a	↔	tímido/-a
trabajador/a	↔	vago/-a
alegre	↔	triste
optimista	↔	pesimista

preguntar por cantidades

¿Cuánto tiempo pasas con tu familia?
¿Cuánta gente trabaja allí?
¿Cuántos años tienes?
¿Cuántas personas viven allí?

hablar de gustos

- ¿Te gusta viajar?
- ¿Le gusta el deporte?
- ¿Te gustan las discusiones?
- ¿Le gustan las fiestas?

○ Sí, (mucho).
○ Bastante.
○ (No,) no mucho.
○ No, nada.

la fecha

Es el uno de abril. (ES)
Es el primero de abril. (LA)
Mi cumpleaños es el 12 de junio.

los números > 7.1

los posesivos > 6.4

mi	tío / tía	mis	tíos / tías
tu	tío / tía	tus	tíos / tías
su	tío / tía	sus	tíos / tías
nuestro/-a	tío / tía	nuestros/-as	tíos / tías
vuestro/-a	tío / tía	vuestros/-as	tíos / tías
su	tío / tía	sus	tíos / tías

Su y **sus** tienen significados diferentes según la persona a la que se refieren:
Luis y **su** tío y **su** tía. (de él)
Eva y **su** tío y **su** tía. (de ella)
Los padres y **sus** hijos/-as. (de ellos)
Sr. Navarro, ¿es **su** tía? (de usted)

los adjetivos > 4.1

	masculino	femenino
singular	un hombre delgad**o**	una mujer delgad**a**
	un cocinero excelent**e**	una persona alegr**e**
	un chico jov**en**	una chica jov**en**
plural	hombres delgad**os**	mujeres delgad**as**
	cocineros excelent**es**	personas alegr**es**
	chicos jóven**es**	chicas jóven**es**

Los adjetivos terminados en **-o** forman el femenino en **-a**.
Los adjetivos terminados en **-e** o en consonante tienen la misma terminación en masculino y femenino.
OJO trabajad**or** / trabajad**ora**

el verbo *estar* > 9.1.2, 9.1.5

estar
estoy
estás
está
estamos
estáis
están

Usamos **estar** para expresar el lugar:
Estoy en Novelda.
¿Dónde **está** Luis?

el verbo *ser* > 9.1.2, 9.1.5

ser
soy
eres
es
somos
sois
son

Usamos **ser** para decir el nombre, la profesión, el origen, el carácter, el aspecto, la identidad y la fecha:
Es Juan, **es** cocinero. **Es** de Novelda.
Es guapo y simpático. **Es** joven.
Su cumpleaños **es** el 2 de enero.

el verbo *gustar* > 9.1.7

(No) Me gust**a**	**la** rutina.
	viajar en avión.
(No) Me gust**an**	**los** deportes.
	las fiestas familiares.

Usamos **gusta** con sustantivos en singular o infinitivos y **gustan** con sustantivos en plural.
Se usa siempre con el artículo determinado:
Me gusta **la** música.

Una taza de café: Un placer

Espresso o Solo

Cortado

Con leche

Con hielo

Americano

Carajillo

Federación Española del café

Comida de negocios // **4**

hablar de preferencias de comida // la hora // describir un restaurante // hacer una
reserva // pedir en un restaurante // hablar de cantidades

1 **Una taza de café: un placer**

a ¿Conoces estos tipos de café? Relaciona los dibujos con las descripciones.

café con un poco de leche: _____

café sin leche y azúcar: _____

café con hielo sin leche: _____

café con leche en taza grande: _____

café con mucha agua: _____

café con alcohol, azúcar y limón: _____

b Y tú, ¿tomas café, té o chocolate? ¿Cómo lo tomas? Coméntalo con tus compañeros.

¿Cuándo?	¿Dónde?	¿Cómo?	¿Con quién?
por la mañana	en casa	frío / caliente	solo/-a
por la tarde	en un bar / restaurante	con / sin azúcar	con la familia
por la noche	en el trabajo / la escuela	con / sin leche	con amigos / colegas

Yo tomo chocolate
por la mañana…

Pues yo tomo té
con mis amigos…

Como de todo

> más productos, p. 191

2 La dieta de los españoles

a Mira el gráfico de lo que comen los españoles al día. ¿Cómo es en tu país?

Creo que en mi país comemos
más / menos carne.

¿Qué comen los españoles?

Bebidas
1450 ml

Leche y lácteos
304 ml

Frutas y verduras
281 g

Azúcar
15 g

Carne
164 g

Huevos
31 g

Pescado y productos del mar
89 g

Cereales
162 g

b Clasifica estos productos según las categorías del gráfico. ¿Qué otros productos conoces?

el agua · la lechuga · la mantequilla · el vino · el tomate · la patata · el pan · la pasta · el plátano · el pollo · el cerdo · el queso · el yogur · la manzana · el jamón · el zumo

c Haz este cuestionario y compara con tu compañero/-a. ¿Tenéis algo en común?

la frecuencia
todos los días
muchas veces
pocas veces
(casi) nunca
5 veces al día

1. ¿Qué comidas haces al día?
   a. desayuno, comida, cena
   b. desayuno y comida
   c. comida y cena
   d. como cinco veces al día

2. ¿Qué tomas en el desayuno?
   a. cereales con leche, frutas o yogur
   b. café o té con o sin leche
   c. tostadas con mantequilla y mermelada
   d. no desayuno

3. ¿Qué bebes en las comidas?
   a. agua con o sin gas
   b. zumo
   c. vino o cerveza

4. ¿Qué tomas en la cena?
   a. pan con queso o jamón
   b. una comida caliente
   c. una ensalada
   d. no ceno

5. ¿Cuántas veces comes carne?
   a. muchas veces
   b. pocas veces
   c. nunca
   d. todos los días

6. ¿Qué productos no te gusta comer?
   a. huevos y / o productos lácteos
   b. pescado o carne
   c. frutas o verduras

Los / Las dos tomamos té en el desayuno…

cantidades
2 kilos **de** patatas
200 gramos **de** jamón
medio litro **de** zumo
1 kilo y medio **de** pan

d En grupos de tres. Queréis organizar un desayuno para la clase. Escribid la lista de la compra.

3 Dietas especiales

a Escucha a tres personas. ¿Qué dieta hace cada una? ▶▶ 34–36

☐ dieta vegetariana   ☐ dieta mediterránea   ☐ dieta para deportistas

b Lee estas frases. ¿Quién las dice? Escucha otra vez y comprueba.

	1	2	3
No cocino con mantequilla.			
Como de todo.			
Puedo comer huevos, pero no carne.			
No puedo beber alcohol.			
Me gustan mucho las verduras.			
Soy alérgico/-a a la leche.			

poder
puedo
puedes
puede
podemos
podéis
pueden

c Y tú, ¿haces alguna dieta especial? ¿Hay algo que no puedes comer?

4 ¿Cómo lo tomas?

a ¿A qué productos se refieren estas frases? Relaciona.

☐ No **la** comen los vegetarianos.
☐ No **lo** pueden comer los alérgicos a la leche.
☐ **Lo** bebemos con o sin leche.
☐ **Los** comemos en el desayuno.
☐ Los vegetarianos **las** comen.

b ¿A qué se refieren las palabras en negrita de la actividad a? Completa la tabla.

referirse a algo mencionado		
• ¿Cómo tomas	el café?	○ _____ tomo con azúcar.
	la leche?	○ _____ tomo caliente.
	los cereales?	○ _____ tomo con yogur.
	las tostadas?	○ _____ tomo con mantequilla.

OJO
No se usa siempre antes de **lo**, **la**, **los**, **las**:
No lo tomo con leche.

c En grupos de tres. Usad la lista de la actividad 2 d y decidid quién compra qué.

¿Quién compra el queso?   Lo compro yo.

↗ 4–6

5 Mi dieta

Describe tus hábitos de comida en un pequeño texto. Tu profesor/a recoge los textos y los reparte.
Cada uno/-a lee un texto de otra persona. ¿De quién es?

En el desayuno tomo... Por la noche me gusta...
No puedo comer...

Una mesa libre

6 **Un restaurante para una comida de trabajo**

a ¿Qué tipo de restaurante te gusta para una comida de trabajo?

restaurante de comida rápida · comedor universitario · restaurante de cocina creativa · restaurante tradicional · restaurante internacional · bar de tapas · restaurante vegetariano · …

b Lee las descripciones de los restaurantes. ¿Qué tipo de restaurante es cada uno?

Bienvenido a Decomer

Restaurantes > Descripción

EL MESÓN DE PEDRO ❶
En el centro de Madrid. Desde la tortilla española y la paella hasta la famosa carne a la plancha. Menú del día y carta. Gran selección de vinos españoles. Descuentos para empresas.

💶 Menú 12 €
🕐 De 12.00 a 24.00
Domingo: 14.00–22.00
Pago con tarjetas:
visa / mastercard

EL CIELO ❷
Cocina creativa: originales sopas, carnes, pescados y postres con diferentes productos, como el famoso postre de limón. Música en vivo. Salones para eventos y reuniones.

💶 A la carta 30–50 €
🕐 Lunes a jueves
de 12.00 a 24.00
Viernes y sábado
de 12.00 a 2.00

MÍSTER BOCADILLO ❸
Especialidad en bocadillos y comida rápida de calidad: 20 tipos de bocadillos con ingredientes naturales. Ensaladas y postres. Promociones especiales de bocadillo y bebida.

💶 Ofertas desde 4 €
🕐 Todos los días
de 10.00 a 2.00

los días
lunes
martes
miércoles
jueves
viernes
sábado
domingo

c Lee otra vez y relaciona las informaciones con los restaurantes.

☐ Es tradicional.
☐ Se puede pagar con tarjeta.
☐ Tiene menú del día.
☐ Se pueden hacer reuniones.
☐ Abre todos los días.

☐ Se puede comer rápido.
☐ Se puede escuchar música.
☐ Se usan productos naturales.
☐ Es barato.
☐ No abre los domingos.

↗ 7–8

d En grupos. Cada persona presenta su restaurante preferido con ayuda de estos puntos. Luego, elegid uno para ir a cenar después de la clase.

dónde está · cómo es · tipo de comida · qué días abre

Mi restaurante preferido se llama…

se + 3ª persona
Se paga con tarjeta.
Se usan productos naturales.

7 Reservar mesa en un restaurante

a La secretaria de una empresa llama para reservar una mesa. Ordena el diálogo.

☐1 Mesón de Pedro, dígame.	☐ ¿Tiene una mesa libre para el lunes?
☐ ¿Para cuándo? Por la noche está lleno.	☐ No. Mejor a la una y media.
☐ Buenos días, ¿qué desea?	☐2 Hola, soy Silvia Orol, de Iberia.
☐ ¿A qué hora? ¿A las dos?	☐ A nombre del señor Antonio Losada.
☐ Son 12 € por persona.	☐ No, es para la comida.
☐ Muy bien. ¿Para cuántas personas?	☐ Son dos personas. ¿Hay menú del día?
☐ Sí, claro, lo tenemos todos los días.	☐ Bien, perfecto.
☐ ¿A nombre de quién reservo?	☐ ¿Cuánto cuesta?

b Escucha ahora la llamada y comprueba tus hipótesis. Luego, busca en el diálogo cómo se pregunta por estas informaciones. ▶▶ 37

la mesa: _____

el día y la hora: _____

el número de personas: _____

el precio: _____

el nombre de la persona que reserva: _____

c Mira cómo se da la hora en español. ¿Qué hora marca el reloj?

la hora	
• ¿Qué hora es?	○ Es la una y media. ○ Son las dos menos cuarto. ○ Lo siento, no tengo hora.
• ¿A qué hora abre?	○ A las diez. ○ De 12 a 20 horas.

en punto

menos cuarto

y cuarto

y media

OJO
las tres **de** la tarde
el lunes **por** la tarde

d En cadena. Pregúntale a tu compañero/-a de la derecha qué hora es. Él / Ella suma cinco minutos a la hora actual, y así sucesivamente.

e En grupos de tres. Completa esta tabla con el horario de tus comidas. Luego, compara con tus compañeros.

	de lunes a viernes	el fin de semana
desayuno		
comida		
cena		

Yo de lunes a viernes desayuno a las 8, pero el fin de semana a las 10.

9 – 13

8 Mi reserva

En parejas. Transformad el diálogo de la actividad 7a y cambiad los siguientes datos.

número de personas · día · hora · nombres · precio

¿Qué tomamos?

9 Platos típicos

a Relaciona las fotos con los nombres. ¿Conoces otros platos españoles o latinoamericanos?

- ☐ tortilla de patata
- ☐ ensalada mixta
- ☐ helado de limón
- ☐ carne a la plancha
- ☐ filete empanado
- ☐ crema catalana
- ☐ gazpacho andaluz
- ☐ sopa de pescado
- ☐ atún con tomate
- ☐ pollo con arroz

b ¿En qué orden se comen los platos? Compara con tu compañero/-a.

primero: _____

segundo: _____

postre: _____

c En parejas. Decidid a qué platos de arriba se refieren estas frases.

Lleva huevo.	Lleva tomate.	Lleva leche.	Se come caliente.	Se come frío/-a.

📄 14 – 16

nacionalidades
español / española
alemán / alemana
holandés / holandesa

> más nacionalidades,
p. 192

d Piensa en tu plato favorito. Tus compañeros te hacen preguntas para adivinar cuál es.

informarse sobre la comida
- ¿Qué lleva? / ¿Lleva huevo? ○ Lleva huevo y carne.
- ¿Cómo se come? ○ Se come caliente / frío/-a.

¿Es un plato turco?

¿Lleva huevo?

10 En el restaurante

a Escucha el diálogo. ¿Qué comen los clientes? Marca los platos en la actividad 9. ▶▶ 38

b Escucha otra vez y lee el diálogo. Marca las expresiones para pedir en un restaurante.

- Buenas tardes, ¿qué quieren para comer?
  ¿Prefieren el menú del día o la carta?
- ○ ¿Qué tienen de menú?
- Tenemos de primero, gazpacho o ensalada mixta;
  de segundo, carne a la plancha o atún con tomate
  y de postre, fruta o crema catalana.
- ○ Para mí, el menú con gazpacho y atún. ¿Y usted?
- ■ Yo prefiero tomar una ensalada. ¿Lleva huevo?
- Sí, huevo, tomate, lechuga…
- ■ Entonces una ensalada, pero sin huevo.
- Y ¿de segundo?
- ■ Yo no quiero segundo, gracias.
- ¿Y qué prefieren para beber?
- ○ Yo, una cerveza.
- ■ Para mí, agua con gas.

…

- ¿Toman postre?
- ○ Yo no, solo un café. ¿Y usted?
- ■ Yo quiero fruta.

…

- ○ La cuenta, por favor.
- Ahora mismo.

c Completa la tabla con las expresiones del diálogo.

pedir en un restaurante	
• ¿Qué _____ para comer?	○ _____, el menú.
• ¿Y de primero / de segundo?	○ Yo _____ tomar la ensalada.
• ¿Qué _____ para beber?	○ Yo, una cerveza.
	○ _____, agua con gas.
• ¿_____ postre?	○ Yo _____ fruta.
	○ _____, solo un café.

pedir la cuenta
• La cuenta, por favor.
○ _____
○ Aquí la tiene.

querer
quiero
quieres
quiere
queremos
queréis
quieren

> preferir, p. 50

🔲 17 – 19

11 Comida con compañeros

a Mira las fotos de la página 46 y elige tu menú.

de primero	de segundo	de postre	para beber

b En grupos de tres. Dos son clientes en un restaurante y uno/-a es el / la camarero/-a.
Preparad un diálogo y representad la escena.

Te toca a ti

12 Tu opinión sobre un restaurante

Queréis organizar una cena de departamento. Escribe un correo con tu propuesta y explica por qué te gusta ese lugar.

Hola a todos:

Podemos ir a _____

Es un restaurante de comida _____

Tiene menús _____

Abre _____

Me gusta porque _____

TALLER DE ESCRITURA

> Antes de escribir, piensa en los aspectos que pueden ser interesantes para el grupo: tipo de restaurante, especialidad, precio, horario…

> Puedes usar los modelos de la página 44.

13 En el restaurante

En parejas. Queréis decidir a qué restaurante vais. Pregunta a tu compañero/-a por su restaurante de la actividad 12. Luego, intercambiad los papeles. ¿Qué restaurante preferís?

– el tipo de comida
– qué platos hay
– qué plato le gusta y qué lleva
– si tienen ofertas especiales
– el horario
– el precio

TALLER DE COMUNICACIÓN

> Cuando necesitas tiempo para responder, puedes usar palabras como: *Pues…*, *Bueno…*

> Si no conoces el nombre de una comida, puedes explicarlo con expresiones como: *Es un tipo de verdura…*

MI FICHA

URUGUAY

Capital Montevideo

Población 3,4 millones

Superficie 176.215 km²

PIB $49 mil millones

Moneda peso uruguayo

Lengua oficial español

Temperatura máx. 28° enero, mín. 7° julio

63 % de mujeres en el poder judicial

40 días: el carnaval más largo del mundo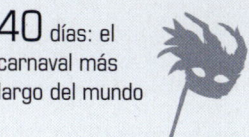

el 88 % de la población de **origen europeo**

58 kilos de carne de ternera por persona al año

el divorcio legal desde 1917

el 85 % del territorio dedicado a la agricultura

// URUGUAY //

Disfrutar con los cinco sentidos

"Depende de las familias, claro, pero en Uruguay, la gente normalmente almuerza a la una. La cena se hace normalmente a partir de las ocho. Una costumbre que tenemos es la "sobremesa". Es ese momento después de la comida para hablar de todo y de nada, con la familia, con los amigos o con los compañeros de trabajo. Y el mejor momento para hacer negocios."

Claudia, dibujante técnica, Montevideo

¿Cuándo se come y se cena en tu país?
¿Existe también la costumbre de la sobremesa?

hablar de preferencias de comida

Como de todo.
Me gusta mucho la fruta.
Como carne pocas veces.
En la cena tomo pan con jamón.
Puedo comer huevos, pero no carne.

Soy vegetariano/-a.
No puedo beber alcohol.
Soy alérgico/-a a la leche.
No desayuno.
Prefiero el café sin leche.

expresar frecuencia

Desayuno todos los días.
Muchas veces no ceno.
Pocas veces bebo alcohol.
Nunca tomo pescado.
Como cinco veces al día.

hacer una reserva

- ¿Tiene una mesa libre?
- ¿Para cuándo? ¿A qué hora?
- ¿Para cuántas personas?
- ¿Cuánto cuesta el menú?
- ¿A nombre de quién?

o Hoy está lleno.
o Hoy a las tres.
o Para dos.
o 12 € por persona.
o A nombre de…

describir un restaurante

Es tradicional.
Es barato.
Tiene menú del día.
Se puede pagar con tarjeta.
Abre todos los días.

pedir en un restaurante

- ¿Qué quieren de primero / segundo / postre?
- Yo, una sopa.
- Para mí, una ensalada.

- ¿Y para beber?
- Yo quiero una cerveza.
- Yo prefiero agua sin gas.

pedir la cuenta

- La cuenta, por favor.
- Ahora mismo.
- Aquí la tiene.

los días de la semana

lunes · martes · miércoles ·
jueves · viernes · sábado ·
domingo

OJO los lunes = todos los lunes

informarse sobre la comida

¿Qué lleva la tortilla?
¿Lleva huevo / leche?
¿Se come caliente / frío/-a?
¿Es un plato turco?

hablar de cantidades

1 kg	un kilo **de** patatas
100 g	cien gramos **de** jamón
½ l	medio litro **de** zumo
1½ kg	un kilo y medio **de** carne

Gramática

verbos irregulares > 9.1.2

p**o**der (o > ue)	qu**e**rer (e > ie)	pr**e**ferir (e > ie)
pu**e**do	qu**i**ero	pref**i**ero
pu**e**des	qu**i**eres	pref**i**eres
pu**e**de	qu**i**ere	pref**i**ere
podemos	queremos	preferimos
podéis	queréis	preferís
pu**e**den	qu**i**eren	pref**i**eren

los pronombres de objeto directo > 6.2.1

	masculino	femenino
singular	lo	la
plural	los	las

Los pronombres de objeto directo sustituyen a una persona o cosa ya mencionada:

¿Quién compra **las patatas**? – **Las** compro yo.

OJO No se usa delante del pronombre: **No las** compro.

expresiones temporales con preposición > 8.2

Hoy **por** la mañana
El lunes **por** la tarde
Mañana **por** la noche ⎫ tengo una reunión.
A las dos **de** la tarde
De dos **a** diez

OJO Los lunes tengo clase de español.

se + verbo en 3ª persona > 9.1.4

Se puede pagar con tarjeta.
El gazpacho **se** come frío.
Se beben vinos italianos.

La construcción **se** + verbo en 3ª persona expresa impersonalidad. El verbo concuerda con el sujeto.

la hora > 8.2

¿Qué hora es?	
13.00	Es la una.
14.00	Son las dos.
14.15	Son las dos y cuarto.
14.30	Son las dos y media.
14.45	Son las tres menos cuarto.
14.50	Son las tres menos diez.

los adjetivos de nacionalidad > 4.3

-o/-a	consonante
suiz**o** / suiz**a**	español / español**a**
turc**o** / turc**a**	alemán / aleman**a**
polac**o** / polac**a**	holandés / holandes**a**
argentin**o** / argentin**a**	inglés / ingles**a**
peruan**o** / peruan**a**	portugués / portugues**a**
austríac**o** / austríac**a**	francés / frances**a**

Algunos adjetivos de nacionalidad tienen solo una terminación: **belga, marroquí, estadounidense**

Comprender mejor

a Lee la información de la empresa Rutas de Vino y busca una actividad para estas personas.

1. Una persona interesada en turismo activo
2. Un grupo de amigos con interés por la cocina

Rutas de Vino - Vintage Spain *especializada en organizar actividades y rutas relacionadas con el vino y la gastronomía en España y Portugal*

VISITAS A BODEGAS Bodegas tradicionales, modernas, famosas e incluso ecológicas. Para conocer la historia del vino, las técnicas de elaboración… Rutas de un día o más. Prueba de vino opcional.

VINO: ETERNO COMPAÑERO DE LA COMIDA Ofrecemos diferentes actividades gastronómicas, rutas de tapas o clases de cocina. Perfectas como complemento a reuniones de negocios.

MÁS QUE VINO: BICICLETA, SENDERISMO, GOLF, ARTE En casi todas las regiones hay campos de golf y es posible pasear o ir en bicicleta por los viñedos. Y al final de la ruta visitamos una bodega.

CATAS DE VINO – CURSOS DE CATA Para disfrutar del vino y aprender a la vez sugerimos un curso de cata o una cata comentada.

> lectura selectiva, p. 119

b Tu jefe te pide preparar un programa para un grupo de clientes con los siguientes datos. Busca una actividad en el texto anterior y escribe un correo a tu jefe para explicar en qué consiste.

14 personas (2 no beben vino) · un día · combinar con otra actividad

> mediación, p. 119

c En el contestador automático de la empresa Rutas de Vino hay un mensaje. Escúchalo y corrige en esta ficha los datos diferentes. ▶ 39

Cliente: *Empresa Sogama (Lucía Romero)*
Día de la visita: *20 de abril*
Tipo de evento: *Visita bodega*
Número de personas: *10*
Horario de la visita: *14.00 – 20.00*
Teléfono: *987 67 96 54*

> audición selectiva, p. 119

Juego de gustos y preferencias

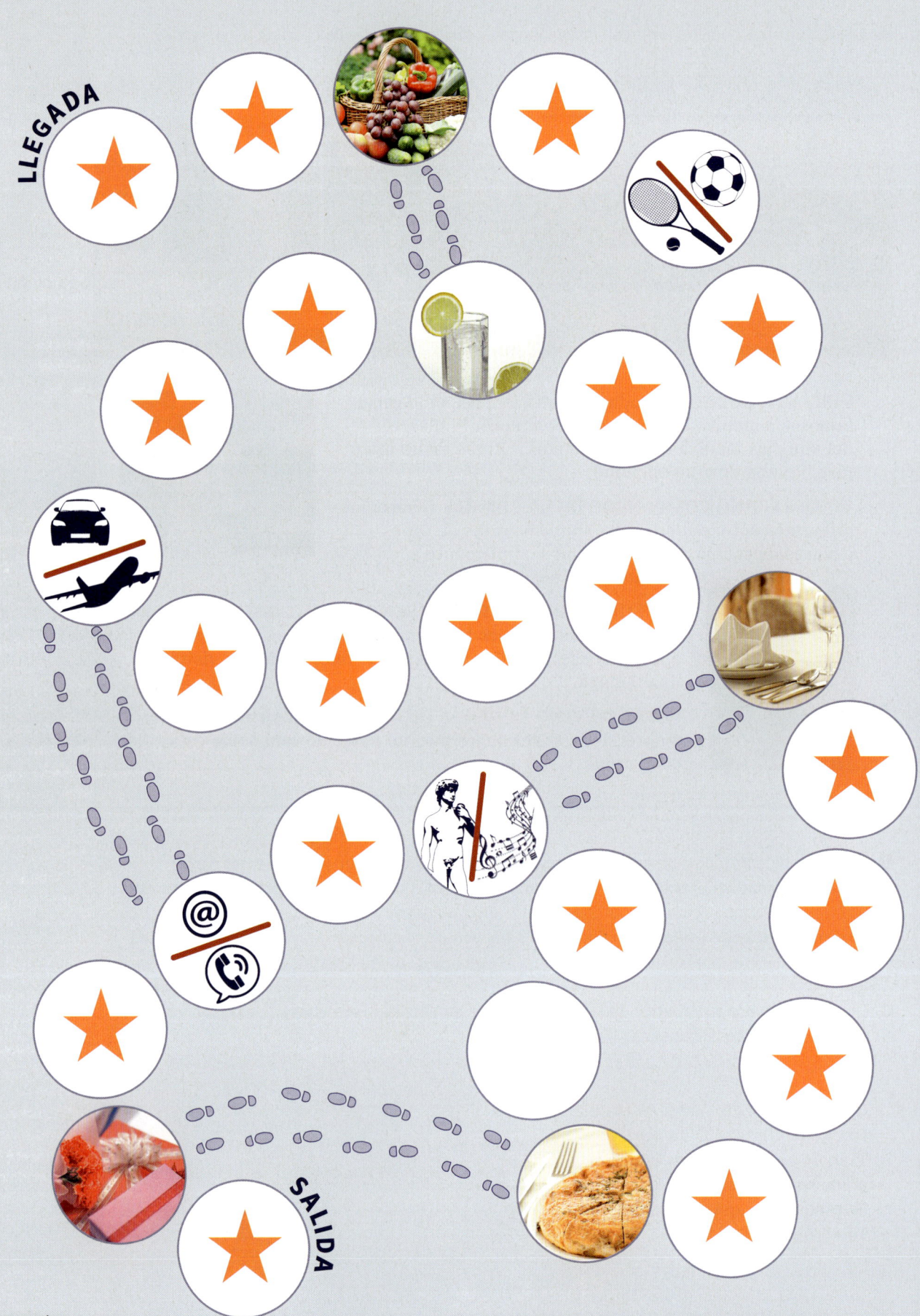

UNA CIUDAD EN CIFRAS

Por la ciudad // 5

describir una ciudad // localizar // dar instrucciones // ordenar // moverse en transporte público // explicar el camino

1 ¿Qué ciudad es?

a Mira esta publicidad para promocionar una ciudad española. ¿Sabes qué ciudad es? ¿Conoces otras ciudades del mundo hispano?

Yo creo que es…

b Completa la ficha de la ciudad con estas cifras y compara con tu compañero/-a.

2 · 1.615.448 · 3300 · 274.626

INFO

Habitantes:

Habitantes extranjeros:

Lenguas oficiales:

Empresas extranjeras:

c ¿Qué monumento o lugar puede representar a tu ciudad en una publicidad como la de arriba?

1 Muchas empresas de todo el mundo tienen aquí sus oficinas. Barcelona es una ciudad atractiva para hacer negocios. Tiene un ambiente cosmopolita, una buena infraestructura y un buen transporte público. Aquí se organizan más de 300 ferias y congresos al año.

2 En Barcelona hay muchos bares y restaurantes. La ruta de las tapas es ideal para combinar el turismo cultural con el gastronómico. Otro aspecto interesante son los mercados. El Mercado de la Boquería, en el centro, es un lugar muy popular.

3 Es una ciudad con mucha historia y edificios y monumentos de todos los estilos. Hay muchas obras del arquitecto Antonio Gaudí, como la iglesia de la Sagrada Familia. Para los amantes de la cultura hay todo tipo de museos, teatros y galerías de arte.

4 Barcelona tiene un clima ideal para disfrutar de sus playas y de sus parques. O simplemente para pasear por sus barrios, su casco antiguo y sus zonas peatonales. Por la noche hay conciertos, festivales y actividades al aire libre para todos los gustos.

5 Barcelona es famosa en todo el mundo por los Juegos Olímpicos de 1992 y por el FC Barcelona. En su estadio, el Camp Nou, hay lugar para 99.354 personas. En la ciudad y en sus alrededores hay muchas posibilidades para hacer deporte: zonas verdes, mar, montaña...

Una ciudad para enamorarse

2 **Vivir y trabajar en Barcelona**

a Lee el texto y elige el título adecuado para cada apartado.

☐ cultura   ☐ gastronomía   ☐ tiempo libre   ☐ deporte   ☐ negocios

b Escucha algunos sonidos. ¿Con qué lugar de la ciudad los relacionas? ▶▶ 40

1. _____   2. _____   3. _____   4. _____   5. _____

c Subraya en el texto las palabras relacionadas con la ciudad. ¿Qué se puede hacer en Barcelona?

visitar · comer · escuchar · ver · pasear por · hacer

....

Recuerda
se + 3ª persona, p. 44

En Barcelona se puede pasear por zonas peatonales.

....

⤢ 1–2

d En parejas. Y a vosotros, ¿qué actividades os interesan?

3 ¿Qué hay en Barcelona?

a Lee estas frases y marca las que se refieren a Barcelona.

☐ Hay muchos parques y zonas verdes.
☐ Hay un ambiente internacional.
☐ No hay transporte público.
☐ No hay muchos edificios antiguos.
☐ Hay gente de diferentes nacionalidades.

☐ Hay ferias y congresos.
☐ Hay dos lenguas oficiales.
☐ No hay mar.
☐ Hay poca oferta cultural.
☐ Hay una iglesia famosa.

b Lee las frases otra vez. ¿Qué significa *hay*? Completa la tabla con algunos ejemplos.

hablar de la existencia	
hay + artículo indeterminado:	
hay + sustantivo sin artículo:	
hay + número:	
hay + cantidades indeterminadas:	*Hay muchos parques.*

c En grupos de tres. ¿Qué frases de la actividad 3a se pueden relacionar con vuestra ciudad? Añadid dos aspectos más.

> más lugares de la ciudad, p. 194

4 Un día en Barcelona

a Escucha a cuatro personas y marca en qué orden dan estas recomendaciones. ▶▶ 41–44

☐ un lugar para comer
☐ un lugar para cenar con clientes

☐ un lugar para comprar
☐ un lugar para relajarse

b Escucha otra vez y relaciona las frases de las columnas. ¿Cuándo se usa *hay* y cuándo *estar*?

1. Hay un bar de tapas.
2. Hay un parque muy tranquilo.
3. Hay un restaurante de moda.
4. Hay tiendas pequeñas y originales.

Está en el barrio del Born.
Está en el centro de la ciudad.
Están en el barrio de Gracia.
Está muy cerca, en el casco antiguo.

hay / estar
_____ : lugar
_____ : existencia

Recuerda
estar, p. 34

c En parejas. Elige uno de los aspectos de la actividad 4a y pide a tu compañero/-a un consejo.

¿Un lugar para comer?

Me gusta mucho el bar… Está en…

3–5

5 Una ciudad que me gusta

Piensa en una ciudad y toma nota de algunos aspectos. Después, escribe un pequeño texto sin mencionar el nombre. Tus compañeros intentan adivinar la ciudad.

¿Dónde está?
la ciudad
¿Cómo es? < grande
tranquila
¿Qué hay?
¿Qué (no) te gusta?

Moverse por Madrid

6 Madrid en metro

a Mira la publicidad del metro de Madrid. ¿Reconoces alguno de los símbolos? ¿Hay metro también en tu ciudad?

b Lee el texto y marca los medios de transporte que se mencionan.

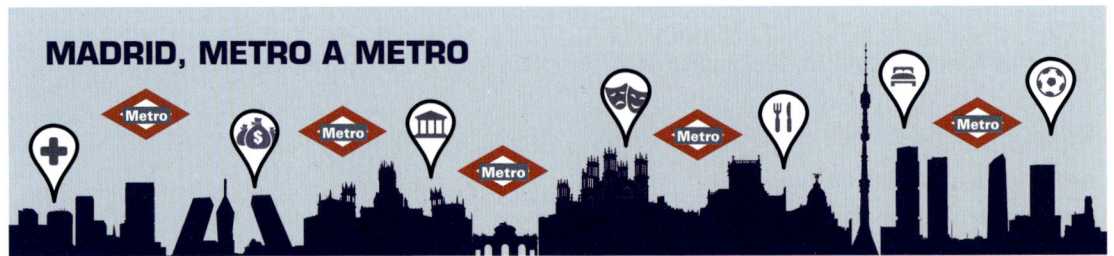

Moverse por Madrid es muy fácil. Madrid tiene 170 rutas de autobuses públicos, un metro muy moderno y muchos trenes regionales que van al centro.

¿Ir en metro o en autobús?
El metro tiene 12 líneas y es rápido y barato, pero va mucha gente en las horas punta (de 7.30 a 9.00 y de 18.00 a 20.00). Los autobuses son un poco lentos porque hay mucho tráfico, pero con ellos se puede visitar la ciudad por menos de dos euros.

¿Ir en coche o taxi?
Hay pocos aparcamientos en el centro y siempre hay muchos problemas de tráfico y muchas obras. El taxi es bueno por la noche, porque solo hay metro hasta la 1.30.

¿Ir en bicicleta?
La gente no usa mucho la bicicleta en la ciudad. Pero poco a poco hay más carriles bici.

¿A pie?
La mejor opción para conocer el centro de la ciudad.

ir
voy
vas
va
vamos
vais
van

c Subraya en el texto las palabras *mucho/-a/-os/-as* y *muy* y completa la tabla. ¿Con qué tipo de palabras se usan?

+ sustantivo	+ adjetivo / adverbio	verbo +
_____ tráfico	_____ fácil	La gente no usa
_____ gente	_____ moderno	_____ la bicicleta.
_____ trenes regionales	muy cerca	Madrid me gusta mucho.
_____ obras	muy rápido	

6 – 10

medios de transporte
ir **en** metro / autobús
ir **en** coche / bicicleta
ir **en** avión

OJO ir **a** pie

d En cadena. ¿Vas mucho en transporte público? ¿Por qué (no)?

rápido ↔ lento • barato ↔ caro • moderno ↔ antiguo • fácil ↔ difícil • bueno ↔ malo

Yo voy mucho en autobús porque es rápido y barato.

7 Para ir a...

a En la central de una empresa hay una reunión importante. Escucha la conversación entre los dos compañeros que la organizan y marca la opción correcta. ▶️ 45

1. ¿Cuándo va Marta?
   ☐ Mañana.
   ☐ El jueves.

2. ¿A qué hora llega el avión?
   ☐ A las 10:30.
   ☐ A las 11:30.

3. ¿Cómo va a la oficina?
   ☐ En taxi.
   ☐ En metro.

> **la dirección**
> ir **a** Madrid
> ir **al** restaurante
> ir **a la** estación

b Escucha la segunda parte de la conversación y ordena las instrucciones para ir a la oficina. Luego, marca en el plano de abajo la estación de metro que está cerca de la oficina. ▶️ 46

☐ Vas hasta Colombia, son seis estaciones.
☐ En el aeropuerto tienes que tomar la línea 8 en dirección a Nuevos Ministerios.
☐ Desde la estación solo tienes que ir a pie unos 200 metros.
☐ Allí cambias a la línea 9 y bajas en Príncipe de Vergara.

c En parejas. Para ir a cenar, elige uno de los restaurantes del plano sin decirlo y describe a tu compañero/-a el camino desde la oficina. ¿Adónde llega?

viajar en transporte público

Primero	toma/s el metro / la línea nueve en dirección a...
Despúes	va/s hasta...
Luego	tiene/s que cambiar a la línea 8.
Al final	baja/s en la próxima estación / parada.

Primero tienes que tomar... y después...

🔲 11–12

> **dar instrucciones**
> **tener que** + infinitivo

RESTAURANTES PARA IR:

Restaurante Domingo
Metro Mar de Cristal

Bar San Benito
Metro Cuatro Caminos

Casa Conchita
Metro Pueblo Nuevo

Café de la Ópera
Metro Ópera

Santiago, ciudad de ferias

8 Buenas perspectivas para Santiago de Chile

a Lee el texto y subraya por qué Santiago es una ciudad atractiva para los negocios. ¿Qué productos son importantes para la economía del país?

b Comenta con tus compañeros qué ferias importantes hay en tu país o región. ¿Cuáles son los productos "estrella"?

9 En la feria de Santiago

a Los clientes de la feria preguntan por algunos lugares. Relaciona las partes de las frases.

La ciudad para hacer negocios: Santiago de Chile

¿Por qué Santiago? Por su clima, su calidad de vida y sus empresas multinacionales. Y también por sus ferias, especialmente para los profesionales del vino, de la minería y del salmón, los productos "estrella" de la economía chilena.

---

llamar la atención
Perdón.
Oye. Perdona. (tú)
Oiga. Perdone. (usted)

---

1. Por favor, ¿sabe dónde está — una zona wifi por aquí?
2. Oye, ¿dónde está — el cajero automático?
3. Oiga, perdone, ¿sabe dónde hay — los servicios?
4. Perdón, ¿dónde están — la cafetería?

b ¿Puedes identificar en el plano los lugares de la actividad anterior?
Luego, escucha los diálogos y marca todos los lugares que se mencionan. ▶▶ 47 – 50

Información
Servicios
Sala de prensa
Zona wifi
Restaurante
Cafetería
Cajero automático
Ascensor
Parada de taxis
Parada de autobús

c Escucha otra vez y marca las expresiones que se mencionan. ¿Qué significan en tu idioma?

expresiones de lugar		
cerca (de)	↔	lejos (de)
delante (de)	↔	detrás (de)
a la izquierda (de)	↔	a la derecha (de)
al lado (de)		enfrente (de)
en		entre… y

Recuerda
cerca **del** restaurante
lejos **de la** cafetería

d Compara estas frases con el plano de la feria. ¿Cuáles son verdaderas? Corrige las falsas.

1. Los servicios están al lado del restaurante.
2. Delante de la entrada hay una parada de taxis.
3. La cafetería está entre el ascensor y el cajero automático.
4. La parada de autobús está a la derecha de la parada de taxis.
5. Hay un restaurante detrás de la zona wifi.

e Pon dos de las siguientes cosas en los lugares vacíos del plano. Tu compañero/-a tiene que adivinar qué hay y dónde está.

bar · sala de conferencias · servicio médico · sala de reuniones

¿Hay un bar?   Sí. / No.   ¿Está a la izquierda de la cafetería?   13–16

10 Explicar el camino

a Después de la feria, tienes una reunión con clientes. Lee la descripción del camino desde el hotel y marca la ruta en el plano.

Indicaciones ruta a pie

A Hotel Sao Paulo

↱ Ir a la derecha hasta la calle Merced.

↰ En la calle Merced, girar a la izquierda.

↑ Seguir todo recto.

↱ Detrás de la Plaza de Armas girar a la derecha y tomar la calle Puente.

↰ Tomar la segunda calle a la izquierda, Santo Domingo.

B Edificio City Centro, Santo Domingo 1161

b En parejas. Elige un lugar en el plano y explica a tu compañero/-a cómo llegar desde el hotel usando solo gestos. Tu compañero/-a lo "traduce" en palabras. ¿Qué lugar es?   17–18

explicar el camino
• ¿Para ir a…?	○ Toma/s la primera / segunda / tercera calle…
	○ Sigue/s todo recto.
	○ Gira/s a la izquierda / derecha.

¿Tomo la primera calle a la derecha?   Sí…

seguir
sigo
sigues
sigue
seguimos
seguís
siguen

Te toca a ti

11 Una visita

Un colega / amigo hispanohablante viaja a tu ciudad. Escribe un correo electrónico y explícale cómo ir desde el aeropuerto más próximo a tu oficina / escuela.

Estimado / Querido _____ :

Para llegar a mi oficina / escuela, _____

_____

_____

_____

_____

_____

_____

(Cordiales) Saludos,

_____

TALLER DE ESCRITURA

> Primero piensa en el camino y toma algunas notas.

> Para organizar tu descripción, puedes usar palabras como: *primero, después, luego, al final.*

12 Tu ciudad

En parejas. Quieres presentar tu ciudad. Elige tres de estos aspectos y toma algunas notas. Luego, presenta la ciudad y tu compañero/-a te hace dos o tres preguntas sobre los aspectos que le interesan especialmente.

cultura: _____

gastronomía: _____

tiempo libre: _____

deporte: _____

transporte público: _____

TALLER DE COMUNICACIÓN

> Las notas te dan seguridad cuando hablas.

> Escribe palabras clave o frases muy cortas.

> Recuerda que solo son una ayuda y no un texto para leer en voz alta.

MI FICHA

_____

_____

_____

_____

_____

BOLIVIA

Capital Sucre

Población 10 millones

Superficie 1.098.581 km²

PIB $27 mil millones

Moneda boliviano

Lenguas oficiales español y 36 lenguas indígenas

Temperatura máx. 26° noviembre, mín. 4° julio

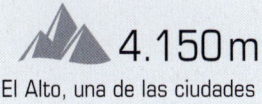
Uyuni, mayor depósito de sal del mundo

4.150 m
El Alto, una de las ciudades más altas del mundo

el 60% de la población de **origen indígena**

primer productor de **alpaca**

zonas climáticas:

4

McDonald's abandona el país en 2011

// BOLIVIA //

Un viaje a la cima del mundo

" En grandes ciudades como La Paz, la mayoría de la gente usa el transporte público. El colectivo es el autobús de línea. El minibús es un autobús pequeño y el trufi es un taxi colectivo. La ruta del minibús y del trufi es siempre la misma, pero no hay paradas fijas. Para bajar, solo tienes que decir al conductor "Aquí me bajo". El transporte no es caro, pero se necesita mucha paciencia. A partir de las doce ya hay muchísimo tráfico. "

María del Pilar, economista, La Paz

¿Cómo es el transporte público en tu ciudad? ¿Qué medio de transporte prefieres tú?

describir una ciudad

Barcelona es una ciudad muy atractiva.
La ciudad tiene un clima ideal.
En Barcelona hay muchos restaurantes.
Hay edificios y monumentos de todos los estilos.

preguntar y decir dónde se encuentra una cosa

- Por favor, ¿dónde hay un bar por aquí?
- El bar La Mureneta está muy cerca.
- Oiga, perdone, ¿dónde están los servicios?
- Están aquí enfrente.

explicar el camino con medios de transporte

Toma/s el metro / autobús número 8.
Tiene/s que tomar la línea 6 en dirección a…
Cambia/s en Sol a la línea 2.
Baja/s en la próxima estación / parada.

explicar el camino

Toma/s la primera calle a la derecha.
Sigue/s todo recto.
Va/s hasta la plaza.
Gira/s a la izquierda.

medios de transporte

ir	en avión
	en metro / tren / autobús
	en coche / taxi / bicicleta
	a pie

ordenar

primero
después
luego
al final

dar instrucciones

Tienes que tomar el autobús.
Tiene que ir hasta la plaza.
Tenéis que bajar en la próxima parada.
Tienen que seguir todo recto.

Gramática

el uso de *hay* y *estar* > 9.1.6

¿Qué **hay** en Barcelona? **Hay** una iglesia famosa.
Hay más de 300 ferias y congresos al año.
Hay muchos hoteles y restaurantes.
Hay gente de muchas nacionalidades.

¿Dónde **está** la Sagrada Familia?
La feria de Barcelona **está** muy cerca.
Mi hotel **está** en el casco antiguo.
Los servicios **están** al lado del restaurante.

Usamos **hay** cuando nos referimos a la existencia de una cosa o persona, con el artículo indeterminado, números, *mucho* o *poco*.

Usamos **estar** cuando nos referimos al lugar de una cosa o persona determinada.

muy y mucho > 10.1

mucho/-a/-os/-as	muy / mucho
mucho tráfico	Es **muy** difícil llegar.
mucha gente	Es un metro **muy** moderno.
muchos problemas	La parada está **muy** cerca.
muchas obras	No uso **mucho** la bicicleta.

Mucho/-a concuerda con el sustantivo.
Muy acompaña adjetivos y adverbios.
Mucho es invariable. Se usa con el verbo o solo:
¿Te gusta el bar? – Sí, (me gusta) **mucho**.

expresiones de lugar > 10.3, 11.2

cerca	↔	lejos	en
delante	↔	detrás	enfrente
a la izquierda	↔	a la derecha	al lado

OJO
El bar está **cerca**. Está **cerca de la** estación.
Está **cerca del** hotel.

las preposiciones *a* y *en* > 10.3

Voy **a** Santiago.	La feria está **en** Santiago.
Voy **al** aeropuerto.	¿Vas **en** coche?
Vamos **a la** oficina.	No, voy **en** bicicleta.

La dirección se indica con **a**;
los lugares y medios de transporte con **en**.
OJO a + el = **al**

el verbo *ir* > 9.2

	ir
yo	voy
tú	vas
él / ella / usted	va
nosotros/-as	vamos
vosotros/-as	vais
ellos / ellas / ustedes	van

verbos con *e > i* > 9.2

seguir
si**g**o
sigues
sigue
seguimos
seguís
siguen

OJO
La primera persona del singular de **seguir** se escribe sin **u**: yo si**g**o.

Otros verbos con esta irregularidad: **pedir**, **servir**.

PARADORES
Hoteles & Restaurantes 1928

PARADOR DE BAIONA ★★★★

· un mirador sobre el océano
  Atlántico
· a 1 h de Vigo
· a 1½ h de Santiago de
  Compostela

1 2 3 4 5
6 7 8 9 10

Viajes de negocios // 6

reservar una habitación // hablar de gustos y preferencias // expresar acuerdo y desacuerdo //
hablar de experiencias // formular reclamaciones // disculparse

1 Servicios de un hotel

a Relaciona los símbolos del hotel con los siguientes servicios.

- ☐ garaje
- ☐ minibar
- ☐ gimnasio
- ☐ piscina
- ☐ spa

- ☐ campo de golf
- ☐ calefacción / aire acondicionado
- ☐ Internet / wifi
- ☐ televisión vía satélite
- ☐ sala de reuniones

b ¿Piensas que es un hotel adecuado para organizar reuniones de empresa? ¿Por qué (no)?

c ¿Qué es importante para ti cuando buscas un hotel? En grupos de tres, reunid algunas ideas.

Para mí es importante tener Internet.   Pues para mí…

Ocio y tiempo libre

2 Actividades de tiempo libre

a Lee lo que hacen estas personas en su tiempo libre y relaciona con las fotos.

☐ En mi trabajo tengo que viajar mucho y hablar con clientes, así que en mi tiempo libre me gusta descansar. Estoy en casa, leo un libro o pongo la televisión para ver fútbol. A veces juego al tenis con un amigo.

Miguel Celaya, representante de bebidas

☐ Solo tenemos tiempo libre los fines de semana, pero no todos. Cuando podemos, vamos a un lugar tranquilo y hacemos senderismo. Los dos preferimos estar en la naturaleza porque no nos gustan los lugares con mucha gente.

Iñaqui y Juana Elizondo, pequeños empresarios

☐ Yo hago deporte todos los días excepto los fines de semana. Los lunes y viernes voy al gimnasio, los martes salgo en bicicleta, los miércoles nado, los jueves hago footing… Los fines de semana me gusta salir con mis amigos por la noche.

María Rillo, estudiante de Dietética

> más actividades, p. 193

b Subraya las actividades de tiempo libre en los textos. ¿Cuáles se hacen con otras personas y cuáles no? Clasifícalas y añade alguna más.

verbos con -g-

decir	di**g**o
hacer	ha**g**o
salir	sal**g**o
poner	pon**g**o
tener	ten**g**o
venir	ven**g**o

> jugar, p. 72

jugar al tenis

3 ¿Y tú qué haces en tu tiempo libre?

a Escribe una actividad de tiempo libre que haces muchas veces y otra que no haces.

Leo libros todos los días. No hago deporte.

⬈ 1–3

acuerdo
Leo. – Yo **también**.
No leo. – Yo **tampoco**.

desacuerdo
Leo. – Yo **no**.
No leo. – Yo **sí**.

b En grupos de tres. Compara con tus compañeros. ¿Tenéis algo en común?

Yo leo libros todos los días.

Yo también. Yo no.

Yo no hago deporte.

Yo tampoco.

Yo sí.

4 En la agencia de viajes

a Iñaqui y Juana van a una agencia de viajes. Escucha y marca sus preferencias. ▶▶ 51

	a él	a ella
le encanta la playa	☐	☐
le gustan las montañas	☐	☐
no le gustan los turistas	☐	☐
le encanta hacer deporte	☐	☐
le interesa hacer excursiones	☐	☐
le encantan los hoteles con spa	☐	☐
le gustan los hoteles tranquilos	☐	☐
le molesta el ruido	☐	☐

b Completa la tabla con los pronombres que faltan.

hablar de gustos			
(A mí)		_____	
(A ti)		te	encanta jugar al tenis.
(A él / ella / usted)	(no)	_____	gustan los museos.
(A nosotros/-as)		nos	interesan las excursiones.
(A vosotros/-as)		os	molesta el ruido.
(A ellos / ellas / ustedes)		les	

doble pronombre
Además de los pronombres **me**, **te**, **le**… podemos usar las formas **a mí**, **a ti**… para enfatizar.

c Lee el informe de la agente de viajes y completa con las formas que faltan. ¿Hay informaciones falsas? ¿Puedes corregirlas?

Los señores Elizondo buscan un hotel para descansar. A los dos _____ gusta la tranquilidad. A él _____ molesta especialmente el ruido y no _____ gusta hacer deporte. A la señora Elizondo _____ encanta jugar al tenis. A ella _____ gusta también hacer excursiones, especialmente a zonas de montaña. Los dos prefieren un hotel tranquilo.

d En parejas. ¿Qué os gusta hacer en vacaciones? Hablad sobre estos temas.

- viajar solo/-a o en grupo
- hacer camping o ir a un hotel
- viajar en coche o en tren
- ir a la piscina o a la playa
- viajar por tu país o a un país exótico
- descansar o hacer deporte

⇗ 4–6

5 Compañeros de viaje

Rellena esta ficha para encontrar a un/a compañero/-a de viaje. Tu profesor/a recoge las fichas y las reparte. ¿Tenéis cosas en común para hacer un viaje juntos? Coméntalo en el pleno.

Nombre: _____
Destino: _____
Cuándo: _____
Gustos: *(No) Me gusta… Hago…*

A mí me interesa ir con… a… En abril tengo tiempo. Además, tenemos cosas en común: a mí también me gusta…

Un viaje de negocios

6 La reserva

a Una empresa organiza una reunión de negocios y llama al Parador de Baiona para hacer una reserva. Escucha y completa la ficha de cliente. ▶▶ 52

PARADORES

Parador de Baiona
Av. Arquitecto Jesús Valverde, 3
36300 Baiona (Pontevedra)

Parador de Baiona

FICHA DE CLIENTE

Persona de contacto: *Miguel Freire*
Teléfono de contacto: *982 34 56 72*
Empresa: *Soluciones Informáticas Elizondo*
Número de habitaciones: *6 dobles,* individuales
Fechas: *de mayo (3 noches)*
Sala de reuniones: [ ] Sí   [ ] No
Número de personas: _____
Catering: [ ] Sí   [ ] No
Otros: *enviar ofertas de catering*

OJO
Quería es una forma
cortés de *querer*.

7–9

una habitación
doble / individual
exterior / interior
tranquila / ruidosa
con ducha / baño
con Internet
para tres noches

b Ordena ahora el diálogo entre la recepcionista y el cliente. Puedes escuchar otra vez para comprobar.

recepcionista
[ ] • ¿Para qué fechas?
[ ] • Sí, todas las salas lo tienen y además disponen de Internet y aire acondicionado.
[ ] • ¿Para cuántas personas?
[ ] • No, lo siento, no está incluido, pero le puedo enviar algunas ofertas.
[1] • Buenos días, ¿en qué puedo ayudarle?

cliente
[2] ◦ Quería reservar seis habitaciones dobles y cinco individuales.
[ ] ◦ Son en total 17 personas. Necesitamos también una sala con proyector.
[ ] ◦ ¿Me puede decir si el catering para la sala está incluido en el precio?
[ ] ◦ Perfecto, muchas gracias.
[ ] ◦ Del 20 al 23 de mayo. Son tres noches.

c En parejas. Leed el diálogo y cambiad al menos dos informaciones. Luego, algunos voluntarios representan el diálogo. Tened en cuenta la entonación.

7 Problemas en el hotel

a ¿Cuál de estos problemas crees que es más frecuente en un hotel? Habla con tu compañero/-a.

- [ ] La comida es mala.
- [ ] En la habitación faltan toallas.
- [ ] Hay mucho ruido.
- [ ] En la sala de reuniones algo no funciona.
- [ ] El personal no es amable.
- [ ] No funciona el aire acondicionado.

b Lee y escucha estos diálogos y relaciónalos con los problemas correspondientes de 7a. ▶▶ 53 – 55

1.
- Recepción, dígame.
- Hola, soy Ana Ramírez, llamo de la habitación 315. Mire, es que la habitación no está limpia. ¡Y además no hay toallas!
- ¡Cuánto lo siento! Ahora mismo le mando al personal de limpieza.

2.
- Recepción, dígame.
- Tenemos un problema en la sala de reuniones. No podemos proyectar la presentación.
- Enseguida le mando al técnico.
- Gracias.
- Perdón por las molestias.
- Está bien.

3.
- Recepción, dígame.
- Soy Julia Sánchez, de Inmobilia. Estamos en la sala de reuniones y aquí no se puede trabajar. No podemos oír nada.
- Disculpe, es que estos días tenemos obras en el garaje. Podemos ofrecerles otra sala si lo desean.

c Completa con las expresiones útiles de los diálogos.

presentar un problema	disculparse	ofrecer una solución
	¡Cuánto lo siento!	
Tenemos un problema…	Perdón por las molestias.	Enseguida le mando al técnico.
Aquí no se puede trabajar.		

el pronombre *lo*
¡Cuánto **lo** siento!
Si **lo** desean…
No **lo** sé.

↗ 10 – 12

8 Presentar un problema

En parejas, elegid una de las situaciones de 7a. Escribid un diálogo y representadlo.

Recepcionista
- Contestas al teléfono.
- Te disculpas, explicas y ofreces una solución.
- Te despides.

Cliente/-a
- Te presentas y expones el problema.
- Aceptas las disculpas y agradeces.
- Te despides.

El cliente siempre tiene la razón

9 Experiencias en el hotel

a Un cliente del parador valora su estancia en el hotel. Lee la primera parte del cuestionario. ¿Está satisfecho con la estancia en general?

CUESTIONARIO DE VALORACIÓN

Nombre: Ricardo Martín
Fechas de la estancia: 5 - 7 diciembre   **Habitación:** 345

¿Cuál ha sido el motivo de su estancia?		SU OPINIÓN SOBRE:	muy buena	buena	regular	mala

¿Cuál ha sido el motivo de su estancia?
[x] trabajo   [ ] placer

¿Por qué ha elegido este hotel?
[ ] precio   [ ] instalaciones
[x] ubicación

¿Ha tenido alguna queja?
[ ] Sí   [x] No

¿El personal ha podido solucionar el problema?
[ ] Sí   [ ] No

SU OPINIÓN SOBRE:

	muy buena	buena	regular	mala
PERSONAL	[ ]	[x]	[ ]	[ ]
RECEPCIÓN				
llegada	[x]	[ ]	[ ]	[ ]
servicio	[x]	[ ]	[ ]	[ ]
HABITACIÓN				
confort	[ ]	[x]	[ ]	[ ]
limpieza	[ ]	[ ]	[x]	[ ]
servicio	[ ]	[x]	[ ]	[ ]
DESAYUNO				
habitación	[ ]	[x]	[ ]	[ ]
cafetería	[x]	[ ]	[ ]	[ ]

COMENTARIOS

He estado una noche por viaje de negocios. El hotel es muy adecuado para la reunión porque está en el centro. Las habitaciones son cómodas y limpias. El personal de recepción ha sido muy amable.

He estado en este hotel muchas veces y siempre he recibido un trato excelente. Sin embargo, esta vez la calidad de la comida no ha sido buena: poca variedad y el café, bastante malo.

---

b Lee ahora los comentarios del cliente. ¿Qué aspectos no coinciden con la primera parte?

c En el cuestionario hay un tiempo del pasado: el perfecto. Marca las formas. ¿Cuál es el infinitivo? ¿Cómo se forma el perfecto? Completa la tabla.

↗ 13

....

el perfecto
Usamos el perfecto normalmente con expresiones como *hoy, esta mañana, este año, muchas veces, ya, todavía no.*

....

haber +	participio	infinitivo
he		
has		
ha	est____	-ar
hemos	ten**ido**	-er
habéis	eleg____	-ir
han		

participios irregulares	
decir	dicho
escribir	escrito
hacer	hecho
poner	puesto
ver	visto
volver	vuelto

d Completa la respuesta del director del hotel con la forma correcta del perfecto.
¿Ha contestado a todas las quejas?

Estimado señor Martín:

Gracias por el cuestionario que nos _____ (enviar). En primer lugar quiero pedir disculpas por el problema que _____ (tener). Siempre ofrecemos el mismo tipo de desayuno, pero es cierto que esta semana _____ (recibir) más quejas de otros clientes por la calidad de la comida. _____ (hablar) con el responsable del restaurante y me _____ (decir) que ya _____ (solucionar) el problema. Sentimos las molestias causadas y esperamos contar con una próxima visita.

Un cordial saludo, Francisco Holgado

10 Experiencias de viaje

a Escucha a estas personas que hablan de sus experiencias de viaje y toma notas sobre estos aspectos. ▶▶ 56–58

Recuerda
los meses, p. 37

tipo de viaje: *placer*

cuándo:

destino:

con quién:

aspectos +/–:

tipo de viaje:

cuándo:

destino:

con quién:

aspectos +/–:

tipo de viaje:

cuándo:

destino:

con quién:

aspectos +/–:

b Piensa en un viaje que has hecho este año y toma notas sobre los aspectos de la actividad a. Con ayuda de las notas cuenta el viaje a la clase.

🗐 14–18

11 Experiencias de trabajo o estudios

Una encuesta en la clase. Busca a una persona para cada pregunta. Luego presenta algunas informaciones que te parecen interesantes.

¿Has llegado tarde a una reunión / a un examen?
¿Has ido a trabajar / a clase sin dormir?
¿Has hablado español en un viaje? ¿Con quién?
¿Has trabajado alguna vez por teleconferencia? ¿Con quién?
¿Has estado en el extranjero más de un año por trabajo / estudios? ¿Dónde?
¿Has dicho una tontería en una reunión / en clase?
¿Has escrito una carta de reclamación?

Klaus no ha llegado nunca tarde a un examen.

la negación
No ha ido a Cuba.
Nunca ha ido a Cuba.
No ha ido **nunca** a Cuba.

Te toca a ti

12 Problemas en el hotel

En tu último viaje has tenido algunos problemas en el hotel. Escribe un correo electrónico para quejarte.

Estimados señores:

He estado en su hotel del _____ al _____

Les escribo para quejarme por _____

_____

Además _____

_____

Es verdad que _____

_____

pero _____

_____

En espera de su respuesta, les saluda atentamente,

_____

TALLER DE ESCRITURA

> Menciona cuándo has estado en el hotel.
> Presenta los problemas de forma ordenada (recepción, servicio de limpieza, trato del personal…).
> Describe los problemas de forma clara, pero cortés, p.ej. contrasta con algún aspecto positivo.

13 El cliente siempre tiene la razón

En parejas. Elegid una de estas situaciones y representadla.

1. La señora Alonso, de la habitación 24, llama para quejarse de la limpieza de la habitación y del servicio.
2. El señor Prado, director de Segurimat, llama para decir que en la sala de reuniones el proyector no funciona.

Cliente/-a	Recepcionista
Te presentas y dices que tienes un problema.	
	Confirmas la identidad y preguntas por el tipo de problema.
Describes el problema.	
	Muestras tu comprensión y le ofreces una solución.
Aceptas las disculpas.	
	Te disculpas otra vez y te despides.
Te despides.	

TALLER DE COMUNICACIÓN

> Como recepcionista, escucha atentamente.
> Para mostrar que comprendes el problema, puedes usar expresiones como: *Tiene razón. Entiendo cómo se siente.*
> Si es posible, explica el motivo del problema.

MI FICHA

_____

_____

_____

_____

_____

VENEZUELA

Capital Caracas

Población 29,9 millones

Superficie 916.581 km²

PIB $13 mil millones

Moneda bolívar

Lengua oficial español

Temperatura máx. 29°C abril, mín. 17°C febrero

"Venezuela significa pequeña Venecia"

primer lugar en tierra continental que ve **Cristóbal Colón**

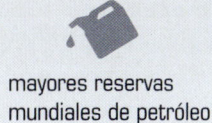
islas: **314**

mayores reservas mundiales de petróleo

el cacao de Chuao es el de mayor calidad mundial

deporte nacional: el béisbol

// VENEZUELA //

¿Playa o montaña? Todo es posible

" En mi país, la gente se queja en general de muchas cosas: del transporte, de los políticos, de los resultados del fútbol… Pero no vas a escuchar casi nunca una crítica directa. Nos parece que es descortés y lo tomamos como algo personal. Por eso, damos siempre mil explicaciones o excusas para no "ofender" a la otra persona. Tampoco nos gusta quejarnos por escrito. Las cartas de reclamación no son algo habitual. "

Cecilia, editora, Mérida

¿Y tú, te has quejado alguna vez por escrito? ¿Es habitual en tu país?

Comunicación

hablar del tiempo libre

En mi tiempo libre hago deporte.
Por las tardes voy al gimnasio.
Los lunes salgo con mis amigos.
Los fines de semana estoy en casa.
Todos los días veo la televisión.
Juego al tenis con un amigo.

acuerdo y desacuerdo

- ● Leo todos los días. ☺
- ○ Yo también. ☺
- ■ Yo no. ☹

- ● No hago deporte. ☹
- ○ Yo tampoco. ☹
- ■ Yo sí. ☺

hablar de gustos y preferencias

A mí me encanta la naturaleza.
Me interesa mucho la cultura.
Prefiero un hotel con spa.
Nos molesta el ruido.
No me interesa hablar de trabajo.
No me gusta nada el fútbol.

informarse y reservar en un hotel

- ● ¿En qué puedo ayudarle?
- ● ¿Para qué fechas?
- ● ¿Para cuántas personas?
- ● ¿Me puede decir si tienen…?
- ● ¿Está incluido en el precio?

- ○ Quería reservar 6 habitaciones.
- ○ Para tres noches. Del 20 al 23 de mayo.
- ○ Para 17 personas.
- ○ Sí, y además ofrecemos…
- ○ No, lo siento.

la habitación

doble / individual
exterior / interior
tranquila / ruidosa
con ducha / baño
con televisión / Internet

hablar de experiencias

Hemos tenido muchos problemas.
El personal ha sido muy amable.
Ya hemos solucionado el problema.
Todavía no he recibido respuesta.

presentar un problema y reaccionar

- ● Tenemos un problema con…
- ● Aquí no se puede trabajar.
- ● Mire, es que no funciona la ducha.
- ● En la habitación faltan toallas.

- ○ Enseguida le mando al técnico.
- ○ Perdón por las molestias.
- ○ Disculpe. ¡Cuánto lo siento!
- ○ Podemos ofrecerle otro/-a…

Gramática

los pronombres de objeto indirecto > 6.2.2

tónicos	átonos	
(A mí)	**me**	
(A ti)	**te**	encanta jugar al tenis.
(A él / ella / usted)	**le**	gustan los museos.
(A nosotros/-as)	**nos**	interesa la cultura.
(A vosotros/-as)	**os**	molesta el ruido.
(A ellos / ellas / ustedes)	**les**	

Usamos los pronombres tónicos delante de los átonos cuando queremos resaltar la persona: **A él le** gustan los bares, pero **a mí me** molesta el ruido.
OJO A Miguel gusta la música. A Miguel **le** gusta la música.

verbos con -g- > 9.1.2

decir: di**g**o, dices…
hacer: ha**g**o, haces…
poner: pon**g**o, pones…
salir: sal**g**o, sales…
tener: ten**g**o, ti**e**nes…
venir: ven**g**o, vi**e**nes…

el perfecto > 9.2

haber	participio	
he		
has		
ha	est**ado**	-ar
hemos	ten**ido**	-er
habéis	eleg**ido**	-ir
han		

Usamos el perfecto para acciones en el pasado
- dentro de un tiempo no terminado, con **hoy**, **esta semana**…
- cuando el momento no es relevante, con expresiones como **alguna vez**, **ya**, **todavía no**…

El perfecto se forma con el presente de **haber** y el participio invariable del verbo.

jugar (u > ue) > 9.1.2

jugar
j**ue**go
j**ue**gas
j**ue**ga
jugamos
jugáis
j**ue**gan

participios irregulares > 9.2.1

decir	hacer	ser	ir	abrir	escribir	poner	ver	volver
dicho	**hecho**	**sido**	**ido**	**abierto**	**escrito**	**puesto**	**visto**	**vuelto**

el pronombre neutro *lo* > 6.2.1

- ● La habitación no está limpia.
- ○ Si **lo** desea, puedo ofrecerle otra.

- ● No funciona la calefacción.
- ● ¡Cuánto **lo** siento!

Usamos **lo** para hablar de un hecho o una situación conocida o ya mencionada.

Comprender mejor

a Esta es una campaña de marketing de los paradores. Lee el título y mira el diseño. ¿Para qué público es? ¿Dónde puedes leer un texto de este tipo?

> lectura: el contexto, p. 119

Paradores – otoño de bodas
Un universo de detalles a tu alcance

5 razones para casarte en un parador
1. Son espacios llenos de historia y romanticismo.
2. Gran experiencia y profesionalidad.
3. Gastronomía de 1ª calidad.
4. Grandes ventajas: prueba gratuita de menú, noche de bodas en suite, precios especiales para invitados…
5. Detalles exclusivos.

En Paradores nos encantan las bodas. Por eso la nueva temporada viene llena de sorpresas y detalles. Podéis personalizar vuestra boda con un toque diferente, desde un buffet de tartas hasta un divertido photocall. Si queréis una boda romántica o vintage, Paradores es vuestro lugar. Pero si os gusta la originalidad y preferís una boda más informal, podéis hacer una boda tipo cóctel. En Paradores tenemos un asistente personal que os asesora en la organización. Y todo a precios razonables.

b Lee ahora el texto. Explica en una frase el contenido de la campaña a un amigo que no sabe español.

> mediación, p. 119

c Lee otra vez el texto y di si estas frases son verdaderas o falsas.

1. Todos los paradores son edificios modernos.
2. Hay un equipo para ayudar a los novios a preparar los detalles.
3. Los invitados de la boda pueden dormir gratis en el hotel.
4. Se ofrece solo un tipo de boda.

d Una clienta llama a un hotel para preguntar cómo llegar. Mira los dibujos y piensa primero cómo se describe en español. Luego, escucha y relaciona con el dibujo correspondiente. ▶ 59

1. 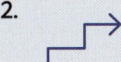　　2. 　　3.

> audición detallada, p. 119

> instrucciones, p. 120

Juego de barcos: hay y estar

Tu tablero

	A	B	C	D	E	F	G	H
1								
2								
3								
4								
5								
6								
7								
8								

"barcos"
escuela ☐☐☐☐
estadio ☐☐☐☐
restaurante ☐☐☐
hotel ☐☐☐
museo ☐☐
teatro ☐☐
bar ☐
banco ☐

- ¿Hay un bar?
- Sí.
- ¿Está en A1?
- Agua.
- Tocado.
- Hundido.

El tablero de tu compañero/-a

	A	B	C	D	E	F	G	H
1								
2								
3								
4								
5								
6								
7								
8								

El día a día // 7

hablar de habilidades // hacer comparaciones // describir la rutina diaria y laboral //
decir lo que está pasando // identificar // situar en el tiempo

1 Actividades laborales

a ¿Cuál puede ser la profesión de la persona de la foto? Habla con tus compañeros.

diplomático · directivo de una empresa · médico · ingeniero · actor · reportero · periodista ·
abogado · empleado de banco · informático · representante comercial · …

b ¿Qué actividades pensáis que realiza en su jornada de trabajo?

interpretar gráficos · hacer presentaciones · analizar datos · leer periódicos económicos ·
viajar con frecuencia al extranjero · tratar con gente · hablar en público · escribir informes ·
asistir a congresos · asesorar a empresas · coordinar proyectos internacionales · …

> Yo creo que es diplomático y que viaja con frecuencia al extranjero.

c Elige otra profesión y describe algunas actividades. Busca a un/a compañero/-a con la misma
profesión y compara.

En una agencia de publicidad

2 Trabajar en publicidad

a Mira el dibujo y relaciona las preguntas con las respuestas de abajo.

2. Perdona, ¿puedo cerrar la ventana?

3. ¿Sabe usted qué precio tienen las fotos?

4. ¿Sabes usar el nuevo programa de mail?

1. ¿Me puedes ayudar con una traducción? Tú sabes chino, ¿no?

☐ Sí, ya lo he usado.
☐ Sí, claro.
☐ No lo sé, pero puedo mirar en Internet.
☐ Sí, un poco. Puedo intentarlo.

b Escucha los diálogos y comprueba. ▶▶ 60 – 63

c Completa la tabla y la regla. ¿Cuándo se usa *saber* y cuándo *poder*? ¿Qué significan en tu idioma?

saber / poder

_____ : habilidad, conocimiento

_____ : posibilidad, permiso

saber: _____	poder: _____
Tú _____ chino, ¿no?	¿Me _____ ayudar con…?
¿_____ usar el nuevo programa?	_____ mirar en Internet.
¿_____ usted qué precio tienen…?	¿_____ cerrar la ventana?

d ¿Y tú, qué sabes o no sabes hacer? Mira esta lista y marca tus habilidades.

> más actividades laborales, p. 193

escribir cartas en inglés · interpretar gráficos · tratar con gente · tomar decisiones · usar programas informáticos · hacer presentaciones · solucionar problemas · …

e ¿Con qué frecuencia haces estas actividades en tu trabajo? Ordénalas y compara después con un/a compañero/-a.

interpretar gráficos

nunca   casi nunca   pocas veces   muchas veces   todos los días

🗗 1–4

Sé interpretar gráficos, pero en mi trabajo no lo hago casi nunca.

3 El perfil de los empleados de la agencia

a En parejas, leed las fichas de tres empleados de la agencia de publicidad. En vuestra opinión, ¿qué tienen que saber hacer? Haced una lista.

CARLOS ROMERO
organizador de eventos

Edad: 45 años
Lenguas: inglés, francés, alemán
Jornada: 8 horas al día
Salario: 2150 euros al mes

LUCAS SANTOS
comercial

Edad: 27 años
Lenguas: inglés y francés
Jornada: 8 horas al día
Salario: 1850 euros al mes

VALENTINA SANZ
diseñadora gráfica

Edad: 27 años
Lenguas: italiano y francés
Jornada: 4 horas al día
Salario: 900 euros al mes

Un organizador de eventos tiene que saber tratar con la gente.

b Lee estas frases y compara con las fichas. ¿Cuáles son verdaderas?

☐ Lucas es **más** joven **que** Carlos.
☐ Valentina trabaja **más que** Carlos.
☐ Carlos gana **tanto como** Valentina.

☐ Lucas trabaja **tantas** horas **como** Carlos.
☐ Valentina es **tan** joven **como** Carlos.
☐ Carlos gana **menos que** Lucas.

c Lee las frases otra vez y completa la tabla.

comparar	
+ Lucas es _____ joven _____ Carlos.	= Lucas es **tan** joven **como** Valentina.
+ Lucas gana **más** (dinero) **que** Valentina.	= Lucas trabaja **tanto como** Carlos.
− Lucas gana **menos** (dinero) **que** Carlos.	= Lucas trabaja **tantas** horas _____ Carlos.

OJO
tan + adjetivo
tanto + verbo
tanto/-a + sustantivo

d En parejas. Corregid las frases falsas de la actividad b.   *Valentina es menor que Carlos.*

la edad
+ mayor
− menor

4 El perfil de la clase

a En parejas. Haz estas preguntas a tu compañero/-a y toma notas.

– ¿Cuántas veces haces deporte a la semana?
– ¿Cuántas horas estudias español a la semana?
– ¿Qué instrumentos sabes tocar?
– ¿En cuántos países has estado?

b Comparad las respuestas con otra pareja.

Jan hace más deporte que yo, juega al tenis todos los días.

Edith hace tanto deporte como yo, una vez a la semana.

↗ 5-6

c ¿Quién es la persona más deportista / musical / trabajadora / viajera de la clase?

superioridad
el más deportista
la más musical

El más deportista es Jan, que juega al tenis todos los días...

Un día de trabajo

5 Un día con un periodista

a Juan trabaja en la radio. Mira las fotos y relaciónalas con las frases.

☐ Desayuna.
☐ Se ducha.
☐ Llega al trabajo.
☐ Se levanta.

☐ Va a casa.
☐ Hace deporte.
☐ Se acuesta.
☐ Se reúne con su equipo.

b ¿En qué orden crees que Juan realiza las actividades?

Yo creo que primero…, después… y al final…

c Lee esta entrevista y marca todas las actividades. Luego, comprueba tus hipótesis de 5 b.

Hola, Juan, muchas gracias por estar hoy con nosotros.
Hola, Sonia. Es un poco pronto, pero es un placer estar aquí.

¿Pronto?
Bueno, yo normalmente me levanto entre las dos y las tres de la tarde.

Un poco tarde ya para desayunar, ¿no?
Es que yo no empiezo el día con el típico café con leche. Yo me ducho, leo el periódico y luego como con mi mujer. Ella es profesora y llega a casa a las tres y media. Por la tarde, siempre tengo tiempo para hacer un poco de deporte y para estar con mis hijos. Ceno con ellos y sobre las diez voy a la emisora.

¿Y ya está preparado el programa?
Casi. Depende de las noticias del día, pero en general está casi todo preparado. Cuando llego, reviso todo el programa y hago los cambios necesarios. El programa empieza a la una y estamos en directo hasta las cinco de la mañana. Después, me reúno con mi equipo para hablar del próximo programa. Entonces sí que desayunamos juntos. Algunos se quedan en la emisora para preparar todo y yo voy a casa. Llego a las siete y me acuesto.

Juan Castillo, director de
"La noche con Juan"

Se levanta a las dos o tres de la tarde, después…

d Mira cómo se forman los verbos reflexivos y completa la tabla. ¿Qué verbos reflexivos aparecen en la entrevista? ¿Qué otros verbos reflexivos conoces?

levantar**se**		
yo		_____
tú	**te**	levantas
él / ella / usted		_____
nosotros/-as	**nos**	levantamos
vosotros/-as	**os**	levantáis
ellos / ellas / ustedes	**se**	levantan

los reflexivos
Los pronombres reflexivos se usan delante del verbo:
Yo no **me** levanto.

OJO
Quiero duchar**me**. = **Me** quiero duchar.

7–9

6 ¿Cómo es un día normal para ti?

a Apunta cuándo haces algunas de estas actividades. Luego, compara con tu compañero/-a.

desayunar · levantarse · ir a trabajar / a clase · comer · ducharse · acostarse · cenar · …

Yo me levanto a las siete.   Yo me levanto más temprano / tarde.

antes y después
antes ⎡ del desayuno
      ⎣ de desayunar
después ⎡ de la cena
        ⎣ de cenar

b Presenta a la clase qué hace tu compañero/-a antes de desayunar y después de cenar.

7 Un día especial

a Hoy ha sido un día diferente para Juan. Escucha y marca qué actividades han sido iguales o diferentes. ▶▶ 64

	igual	diferente	
levantarse	☐	☒	*Se ha levantado a las nueve.*
desayunar	☐	☐	
leer el periódico	☐	☐	
hacer deporte	☐	☐	
comer	☐	☐	
ir a trabajar	☐	☐	
reunirse con su equipo	☐	☐	
acostarse	☒	☐	

b Escucha otra vez y escribe en la tabla qué ha sido diferente.

10–11

OJO
No **me** he levantado,

c ¿Y cómo ha sido tu día? ¿Qué ha sido diferente? Habla con tu compañero/-a.

8 Las rutinas de una profesión

Piensa en una profesión y escribe unas frases sobre su rutina laboral. Tu profesor/a recoge los textos y los reparte. Los otros adivinan de qué profesión se trata.

Un día en la oficina

9 Estrés en la oficina

a Lee y escucha los diálogos. ¿En qué diálogo Nuria Garcés habla con su marido, una amiga, su jefe, una compañera o un cliente? ▶▶ 65–69

1.
- Señora Garcés, ¿tiene ya el informe para los clientes chinos?
- Lo estoy escribiendo ahora mismo.

2.
- Oye, ¿tienes tiempo para ir al cine hoy?
- No, es que estoy terminando la presentación de mañana.

3.
- ¿Puedes llevar a los niños al deporte?
- Cariño, estoy trabajando. ¿No puedes llevarlos tú?

4.
- Hola, Nuria, ¿está todo bien?
- Estoy leyendo tu traducción y no entiendo nada.

5.
- Empresa Marca de Hoy, dígame.
- Mire, estoy buscando los precios en su página web y no los encuentro. ¿Me puede decir dónde están?

b En las respuestas de Nuria hay una nueva forma verbal: el gerundio. Marca las formas y completa la tabla. ¿Conoces una estructura similar en otra lengua? ¿Cómo se dice en tu idioma?

estar + gerundio		formas regulares		formas irregulares	
_____				decir	> **dic**iendo
estás				pedir	> **pid**iendo
está	bus**cando**	bus**car**	-ar > -ando	venir	> **vin**iendo
estamos	hac**iendo**	hac**er**	-er > -iendo	dormir	> **dur**miendo
estáis	escrib_____	escrib**ir**	-ir > -iendo	leer	> _____
están				ir	> **y**endo

---

estar + gerundio
Lo estoy haciendo. =
Estoy haciéndo**lo**.

📄 12–14

c En grupos. Piensa en dos actividades laborales. Después, escenifícalas y tus compañeros intentan adivinarlas.

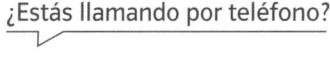

¿Estás llamando por teléfono?

No.

¿Estás…?

10 Conociendo a los colegas

a Es el primer día de Alicia en la empresa y Nuria le explica quiénes son los otros. Mira el dibujo durante un minuto y cierra el libro. ¿Cuántas personas recuerdas? ¿Qué están haciendo?

b Escucha y relaciona con las personas del dibujo. ▶▶ 70–74

c Escucha otra vez y relaciona las frases.

La mujer mayor que está tomando café		la directora de la empresa.
Las chicas que están pagando		la secretaria.
La mujer que está entrando	es	los representantes internacionales.
El señor que está trabajando y comiendo	son	estudiantes en prácticas.
Los hombres que están hablando por teléfono		experto en Informática.

d Lee otra vez las frases de arriba y completa la tabla con el pronombre relativo.

identificar a personas
La mujer _____ está entrando es la directora de la empresa.
El señor _____ está trabajando es experto en Informática.
Las chicas **que** están pagando son estudiantes en prácticas.

e Describe a una persona del dibujo. Los otros adivinan quién es.

Es una persona que está comiendo ensalada.

¿Es la morena que está a la izquierda?

Recuerda
adjetivos, p. 35
expresiones de lugar,
p. 58

↗ 15–17

11 ¿Qué es?

En grupos. Cada persona piensa en una ciudad o una comida y escribe al menos tres frases sobre ella según el modelo. Luego, lee sus frases en voz alta una por una. ¿Quién adivina antes de qué se trata?

Es una comida.
Es una comida que se come en España.
Es una comida que lleva arroz.

Te toca a ti

12 Preparación de una presentación

Elige uno de estos puestos en una empresa y piensa qué habilidades son necesarias.
¿Qué te hace adecuado/-a para el puesto? Toma algunas notas.

asistente de dirección · programador/a · recepcionista · representante de ventas

MIS HABILIDADES

Sé _____

_____

MIS AFICIONES

Me gusta _____

_____

ADEMÁS

Puedo _____

_____

TALLER DE ESCRITURA
> Haz primero una lluvia de ideas.
> Pon solo dos o tres aspectos por punto.
> Piensa si hay algo que quieres mencionar además.

13 Una presentación personal

En parejas. Con las notas de la actividad 12, prepara una pequeña presentación.
Tu compañero/-a hace de "asesor/a" y te da su opinión. Luego, al revés.

Tú	Tu compañero/-a
Dices qué puesto has elegido y por qué.	
	Escuchas con atención.
Presentas lo que has preparado: tus habilidades, tus aficiones, etc.	
	Después de la presentación, haces preguntas sobre otros aspectos: *¿Puedes trabajar los domingos? ¿Sabes usar…? ¿Cuánto quieres ganar?*
Respondes a las preguntas de tu compañero/-a.	
	Resumes por qué tu compañero/-a te parece adecuado/-a para el puesto.

TALLER DE COMUNICACIÓN
> Practica primero lo que vas a decir.
> Intenta no leer las notas.
> Tu compañero/-a toma algunas notas.
> Él / Ella no interrumpe la presentación, sino que hace las preguntas al final.

MI FICHA

_____

_____

_____

_____

_____

CHILE

Capital Santiago

Población 16,6 millones

Superficie 755.696 km²

PIB $300 mil millones

Moneda peso chileno

Lengua oficial español

Temperatura máx. 29° enero, mín. 7° julio

Atacama, el desierto más seco del mundo

ALMA, observatorio astronómico más grande del mundo

6.500 km de costa

el 80% del país es montañoso

Puerto Williams es el pueblo más austral del mundo

la isla de Pascua, el museo al aire libre más grande del mundo

// CHILE //

Los ojos del mundo

"Es difícil decir a qué hora empieza a trabajar la gente, depende del tipo de trabajo. Pero, en general, se puede decir que la gente empieza entre las 8 y las 9 de la mañana. Tenemos un descanso para almorzar al mediodía y luego se trabaja hasta las 6 o las 7. Normalmente, la gente tiene dos semanas de vacaciones. Se pueden tener más, claro, depende del lugar de trabajo y de los años que ya has trabajado. ¿Y los feriados? No sé si somos el país con más días feriados, pero tenemos 18, que no está nada mal, ¿no?"

Pilar, autora, Santiago de Chile

¿Qué días son festivos en tu país? ¿Cuántas semanas de vacaciones tienes?

Comunicación

hablar de habilidades

- ¿Sabe usted francés?
- No sé hablar francés, pero lo entiendo.

describir la rutina diaria

Normalmente me levanto a las seis.
Primero me ducho y después desayuno.
A las dos me reúno con mis compañeros.
Me acuesto muy tarde.

comparar

Luis es más / menos trabajador que Juan.
Valentina trabaja tanto como Pedro.
Valentina trabaja tantas horas como Pedro.
Jan es el más deportista de la clase.

describir lo que está pasando

- ¿Qué estás haciendo?
- Estoy terminando una presentación.

situar en el tiempo

Yo me ducho antes de desayunar.
Antes del trabajo compro el periódico.
Después del trabajo ceno con la familia.
Después de estudiar voy al gimnasio.

identificar

Es una comida que lleva arroz.
Es una ciudad que está en Suiza.
Los chicos que están hablando son de Marketing.
El señor que está a la derecha es mi jefe.

Gramática

saber / poder > 9.1.8

saber: habilidad, conocimiento	poder: posibilidad	poder: permiso
¿Tu **sabes** chino?	**Puedo** ir a pie al trabajo.	¿**Puedo** abrir la ventana?
No **sé** usar este programa.	¿**Puedes** llevar los documentos?	¿**Puedo** usar tu teléfono?
¿**Sabe** usted qué significa?	¿Me **puede** decir dónde está?	No se **puede** usar el móvil.

la comparación > 5

+	Lucas es **más** joven **que** Carlos.
+	Lucas gana **más** (dinero) **que** Valentina.
–	Valentina gana **menos** (dinero) **que** Lucas.
=	Lucas es **tan** joven **como** Valentina.
=	Lucas trabaja **tanto como** Carlos.
=	Lucas trabaja **tantas** horas **como** Carlos.
++	**El más** deportista es Jan.
––	**La menos** deportista es Edith.

comparativos irregulares > 5.3

bueno/-a > mejor
malo/-a > peor
grande > más grande / mayor *(edad)*
pequeño/-a > más pequeño/-a / menor *(edad)*

OJO
Con cifras y cantidades usamos **más / menos de**:
Gano **más / menos de** 2000 €.

verbos reflexivos > 9.1.3

		levantar**se**
yo	**me**	levanto
tú	**te**	levantas
él / ella / usted	**se**	levanta
nosotros / nosotras	**nos**	levantamos
vosotros / vosotras	**os**	levantáis
ellos / ellas / ustedes	**se**	levantan

Generalmente los pronombres reflexivos **me**, **te**, **se**… van delante del verbo conjugado:
Yo no **me** levanto. Todavía no **me** he levantado.
Sin embargo, con el infinitivo y el gerundio pueden ir también detrás, en este caso forman una sola palabra:
Me quiero duchar. = Quiero duchar**me**.
Me estoy duchando. = Estoy duchándo**me**.

el gerundio > 9.6.2

terminación	infinitivo		formas irregulares			
-ar > -**ando**	bus**car** Estoy bus**cando** los precios.	decir	di**ciendo**	dormir	d**u**rmiendo
-er > -**iendo**	ha**cer** ¿Qué estás ha**ciendo**?	pedir	p**i**diendo	leer	le**y**endo
-ir > -**iendo**	escri**bir** Estoy escri**biendo** un informe.	venir	v**i**niendo	ir	**y**endo

Usamos **estar** + gerundio para describir una acción que pasa en el momento del habla.

las frases relativas > 13.5

Es una comida **que** se come caliente.	**Que** es invariable y puede referirse a personas y a cosas, en singular y plural.
Los hombres **que** están en la mesa son de Madrid.	

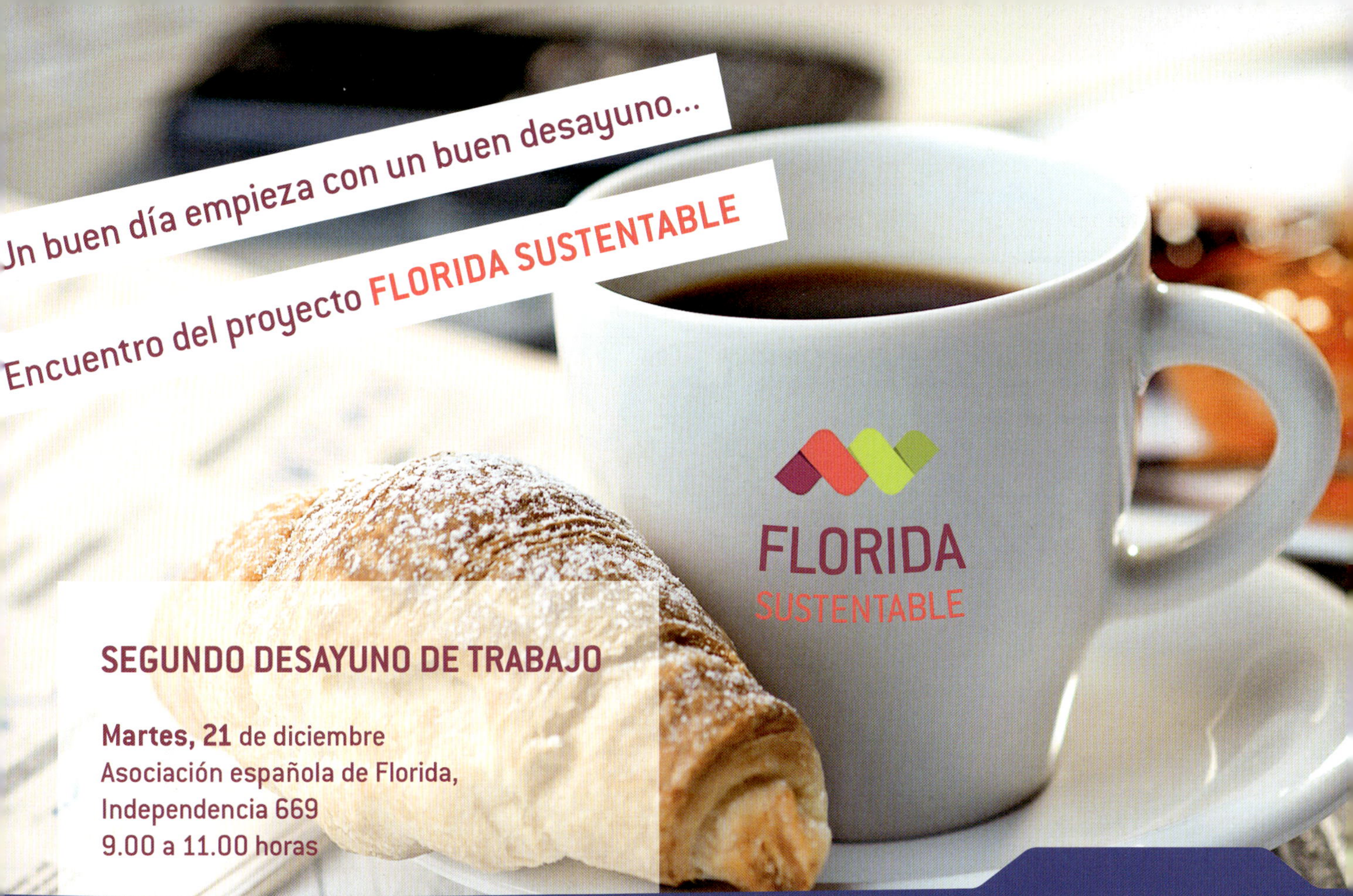

Un buen día empieza con un buen desayuno...
Encuentro del proyecto FLORIDA SUSTENTABLE
FLORIDA
SUSTENTABLE
SEGUNDO DESAYUNO DE TRABAJO
Martes, 21 de diciembre
Asociación española de Florida,
Independencia 669
9.00 a 11.00 horas

Mi agenda // 8

hablar de planes // concertar una cita // aceptar y rechazar una invitación o propuesta // la ropa y los colores // hablar del tiempo // dar consejos

1 Un buen día empieza con un buen desayuno

a ¿Qué asocias con un buen desayuno? Completa el mapa asociativo.

tranquilidad
café
un buen desayuno

b ¿Qué es para ti un desayuno de trabajo? Habla con un/a compañero/-a.

¿Tipo?	¿Con quién?	¿Frecuencia?	¿Objetivo?
reunión formal encuentro informal cita de negocios	con clientes con colegas con mi jefe/-a	todos los días una vez a la semana una vez al mes	planificar informar hacer negocios

c ¿Es algo habitual en tu empresa / escuela? ¿Te parece una buena idea? ¿Por qué (no)?

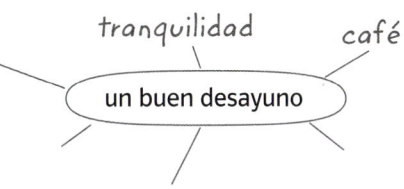

En mi empresa no es habitual, pero es una buena idea para hacer negocios.

¿Cuándo quedamos?

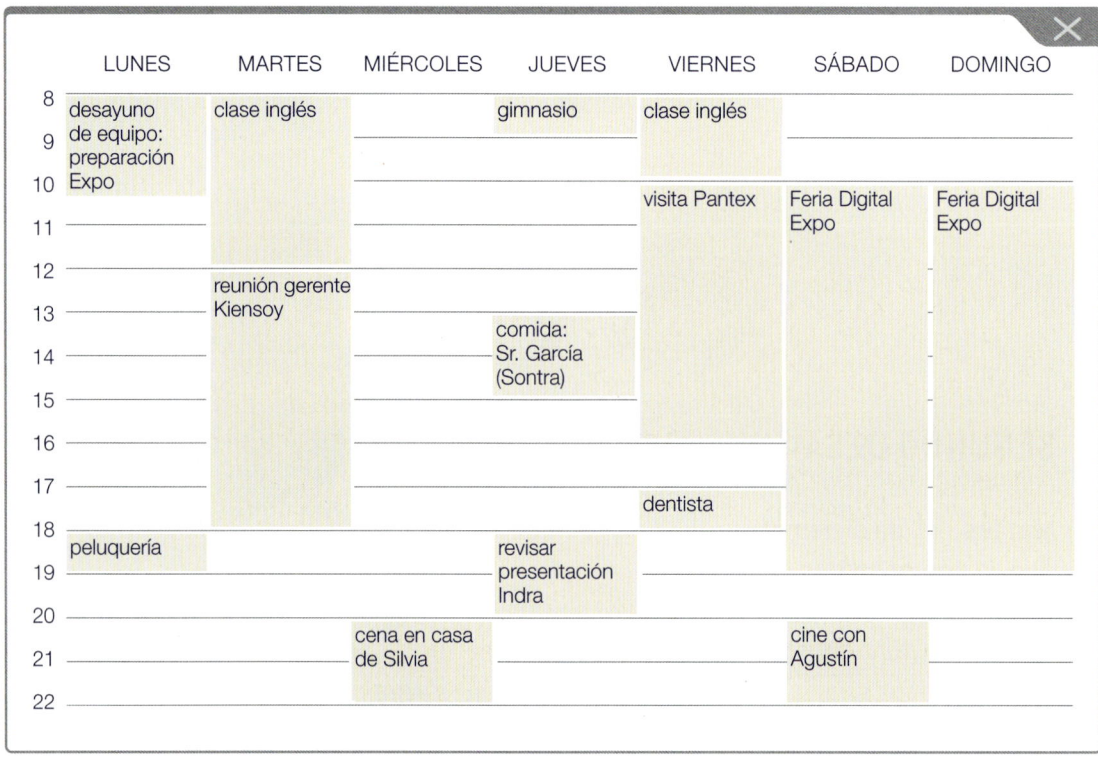

	LUNES	MARTES	MIÉRCOLES	JUEVES	VIERNES	SÁBADO	DOMINGO
8	desayuno de equipo: preparación Expo	clase inglés		gimnasio	clase inglés		
9							
10					visita Pantex	Feria Digital Expo	Feria Digital Expo
11							
12							
13		reunión gerente Kiensoy					
14				comida: Sr. García (Sontra)			
15							
16							
17					dentista		
18	peluquería						
19				revisar presentación Indra			
20							
21			cena en casa de Silvia			cine con Agustín	
22							

2 La agenda de Luis

a Luis García hace unas prácticas en una agencia de publicidad. Mira su agenda. ¿Qué actividades son privadas y cuáles profesionales?

b Escucha algunos mensajes para Luis en su buzón de voz y relaciónalos con estos temas. ▶▶ 75–77

☐ cena   ☐ visita al cliente   ☐ informe de prácticas

c Escucha otra vez y completa las notas de Luis.

> — Sra. Torres (personal). Va a estar en la oficina _____
> — Carlos, va a estar aquí de _____ a _____
> — Ricardo, quiere _____
>   Tiene tiempo el _____ o el _____

hablar de planes
Para hablar de planes y proyectos usamos **ir a** + infinitivo.

Recuerda
el verbo **ir**, p. 56

d En parejas. Mirad otra vez la agenda de Luis. ¿Cuándo puede encontrarse con las personas?

> Puede encontrarse con la señora Torres el miércoles después de comer.

Recuerda
día y hora, p. 44–45

e Haz una lista con todas las cosas que vas a hacer esta semana. ¿Qué tienes en común con Luis? Coméntalo con tu compañero/-a.

↗ 1–3

3 ¿Cuándo podemos vernos?

a Escucha y toma nota de cuándo y dónde queda Luis con Lucía Torres y Carlos. ▶▶ 78–79

b Lee ahora los diálogos y marca las expresiones para proponer una actividad, el lugar y la hora.

1.
- Sí, ¿dígame?
- ○ Buenas tardes, señora Torres, soy Luis García. Me ha llamado usted…
- Hola, gracias por llamar. Sí, tenemos que hablar del informe de prácticas. ¿Cuándo podemos vernos?
- ○ ¿Qué le parece el miércoles a las diez y media?
- Lo siento mucho, pero a las diez y media no puedo. Es que tengo otra reunión…
- ○ ¿Tiene tiempo después de comer? ¿A las cuatro?
- Un momento. Sí, de cuatro a seis es posible.
- ○ Muy bien. Entonces, mañana a las cuatro en su oficina.

2.
- ¿Sí?
- ○ Hola, Carlos, soy Luis. Me has llamado, ¿verdad?
- Sí. Es que voy a estar en Valencia. ¿Tienes ganas de ir el jueves a cenar?
- ○ ¡Qué pena! Justo ese día no puedo. ¿Y si quedamos el viernes?
- Vale. ¿Qué tal a las nueve? Puedo recogerte en tu casa.
- ○ Perfecto.
- Muy bien, pues hasta el viernes.

c Completa la tabla con las expresiones para aceptar o rechazar una propuesta.

proponer	aceptar / rechazar
• ¿Cuándo podemos vernos? • ¿Tienes ganas de ir a cenar? • ¿Qué te / le parece mañana? • ¿Qué tal a las nueve? • ¿Y si quedamos el viernes? • ¿Por qué no vamos al cine?	☺ _____ ☺ De acuerdo. / Muy bien. ☹ _____ ☹ ¡Qué pena! Justo ese día no puedo.

ES: quedamos
LA: nos vemos

↗ 4–5

d En cadena. Una persona propone una actividad. Los otros, por turnos, rechazan la propuesta y busca una excusa. No se pueden repetir las excusas.

tomar un café · reunirse para organizar un trabajo · ir al cine · …

4 Propuestas para el fin de semana

En parejas. Mira las propuestas para este fin de semana. Elige una e invita a tu compañero/-a. Consultad vuestras agendas para esta semana.

AGENDA PARA ESTA SEMANA

EXCURSIÓN RUTA DE MONTAÑA
Domingo 7:00 – 22:00

TALLER DE SNORKELING
Viernes y sábado
18:00 – 21:00

CAMPEONATO FÚTBOL-SALA
Sábado 12:00 – 15:00

CONCIERTO DE MÚSICA
Viernes 21:00

↗ 6

CATÁLOGO PRIMAVERA VERANO

camisa a rayas 100 €

chaqueta de cuero 250 €

gafas de sol 60 €

abrigo 200 €

vestido 120 €

blusa blanca 100 €

corbata de seda 70 €

traje 300 €

zapatos 130 €

pantalones negros 100 €

bolso 90 €

falda 90 €

camiseta de algodón 25€

botas 150 €

reloj 175 €

jersey de lana 80 €

> más ropa, p. 195

¿Qué me pongo?

5 **La ropa adecuada**

a Mira el catálogo y clasifica la ropa y los accesorios en las categorías *hombre*, *mujer* o *unisex*.

b Ana tiene una entrevista de trabajo y no sabe qué ponerse. Escucha el diálogo y marca la ropa que mencionan. ¿Qué elige para la entrevista? ▶▶ 80

los demostrativos
este / esta:
cerca del hablante
ese / esa:
cerca del oyente
aquel / aquella:
lejos de los dos

c ¿Qué te parecen la ropa y los accesorios de arriba? Habla con tu compañero/-a. ¿Coinciden vuestros gustos?

cómodo · aburrido · elegante · deportivo · clásico · extravagante · moderno

Este jersey es muy elegante.

A mí me parece muy aburrido.

d En dos grupos. Las personas del grupo A se fijan durante dos minutos en la ropa de las personas del grupo B. Después, el grupo A se da la vuelta y las personas del grupo B se intercambian alguna prenda o accesorio. Al final, el grupo A intenta adivinar qué ha cambiado.

7–10

Jan lleva la chaqueta de Maren.

Julia se ha puesto el reloj de Peter.

6 La opinión de los expertos

a Fíjate en los colores de la derecha. ¿Qué asocias con cada uno de ellos? Compara con un/a compañero/-a.

> Yo relaciono el rojo con fruta.

b Lee la información de esta página web y marca qué dicen los expertos sobre el significado de algunos colores. ¿Estás de acuerdo?

los colores
- blanco
- negro
- rojo
- amarillo
- azul
- verde
- marrón
- gris
- naranja
- rosa

---

www.entrevistadetrabajo.org

INFO // PREGUNTAS // CONSEJOS // BUSCAR TRABAJO

Qué ponerse para una entrevista de trabajo

Si es una entrevista en una empresa moderna, es recomendable elegir un estilo tipo "business casual", es decir, elegante, pero no demasiado formal. Una buena opción es el gris, que es un color muy elegante.

Si la entrevista es para trabajar en el sector financiero o de marketing, es mejor decidirse por un estilo más formal y conservador. Necesitas pocos complementos. Los mejores colores son el negro, serio y clásico, y especialmente el azul, que sugiere profesionalidad.

Si la entrevista es para trabajar en la industria creativa, conviene ser menos convencional. Puedes usar diferentes colores, incluso el amarillo, que se asocia con creatividad y energía, o el naranja oscuro, que sugiere una mentalidad original. Pero cuidado, es necesario usar estos colores con moderación.

---

c Cierra los ojos y piensa en tu armario de ropa. ¿Qué tienes? Abre los ojos y escribe los objetos que recuerdas y su color. ¿Qué color se repite más? Compara con tu compañero/-a.

d Marca en el texto las expresiones para dar consejos y completa la tabla.

dar consejos	
	elegir un estilo elegante.
	decidirse por un estilo más formal.
Conviene	ser menos convencional.
	usar estos colores con moderación.

11–13

7 Consejos

En grupos de tres. ¿Qué ropa le aconsejáis a una persona que tiene una entrevista de trabajo para uno de estos puestos? Haced una lista con tres consejos.

- diseñador/a en empresa moda ecológica
- contable en google
- periodista en una radio

¡Qué calor hace!

8 Imprevistos antes de una cita importante

a Unas personas han llegado tarde. Mira las fotos y relaciónalas con los motivos.
¿Qué ha pasado en cada caso?

1. perder el avión o el autobús
2. perder / olvidar las llaves del coche
3. no oír el despertador
4. estar en un atasco

Recuerda
el perfecto, p. 68

b En grupos de tres. Completad la lista de arriba con otros motivos para llegar tarde.
¿Cuál creéis que es el motivo más frecuente?

c ¿Te han pasado estas cosas alguna vez? Completa y habla con un/a compañero/-a.

nunca	pocas veces	algunas veces	muchas veces

atasco

Nunca he estado en un atasco.

d En cadena. Cada persona da una excusa por llegar tarde. No se pueden repetir las excusas.

Siento llegar tarde, es que he perdido el autobús.

el tiempo
☀ Hace sol.
🌡 Hace calor.
🌡 Hace frío.
≡ Hay niebla.
🌧 Llueve.
❄ Nieva.

> más expresiones,
p. 192

e Imprevistos por mal tiempo. Mira las expresiones de la izquierda. Luego, relaciona los mensajes
con la ciudad correspondiente.

1 BUENOS AIRES 40° 2 FRÁNCFORT −10° 3 BILBAO 14°

☐ Nieva y nieva. Todos los vuelos cancelados hasta mañana. Te llamo más tarde.
☐ Necesitamos plan B. No podemos trabajar con esta temperatura. Hace demasiado calor.
☐ Hay mucha niebla en la autopista. No llego a la reunión. Podéis empezar ya.

f ¿Qué tiempo ha hecho esta semana en tu ciudad? ¿Sabes qué tiempo va a hacer en los próximos
tres días?

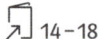 14 – 18

9 Charla informal

a Escucha estos diálogos y marca de qué temas se habla. ▶▶ 81–83

- ☐ la familia
- ☐ el salario
- ☐ la política
- ☐ el deporte
- ☐ las aficiones
- ☐ la religión
- ☐ las noticias
- ☐ las vacaciones
- ☐ el tiempo
- ☐ el trabajo
- ☐ los colegas
- ☐ la salud

b Escucha otra vez y marca las expresiones que escuchas.

¡Qué frío hace!

¡Cómo llueve!

¡Cómo ha subido la gasolina!

¡Qué simpático es!

¡Qué partido tan bueno!

> **frases exclamativas**
> ¡**Qué** frío hace!
> ¡**Qué** simpático es!
> ¡**Qué** partido **tan**…!
> ¡**Cómo** llueve!

↗ 19

c ¿Qué temas de la actividad 9 a no te parecen adecuados para una charla informal en el trabajo en tu país? Compara con tus compañeros. ¿Podéis añadir otros temas?

d Juego de charla informal. En grupos de tres. Necesitáis tres fichas y una moneda. "Cara" significa avanzar una casilla. "Cruz", dos casillas. Por turnos, una persona tira la moneda y contesta la pregunta. Si la respuesta es adecuada, se queda en esa casilla; si no, vuelve a la casilla anterior.

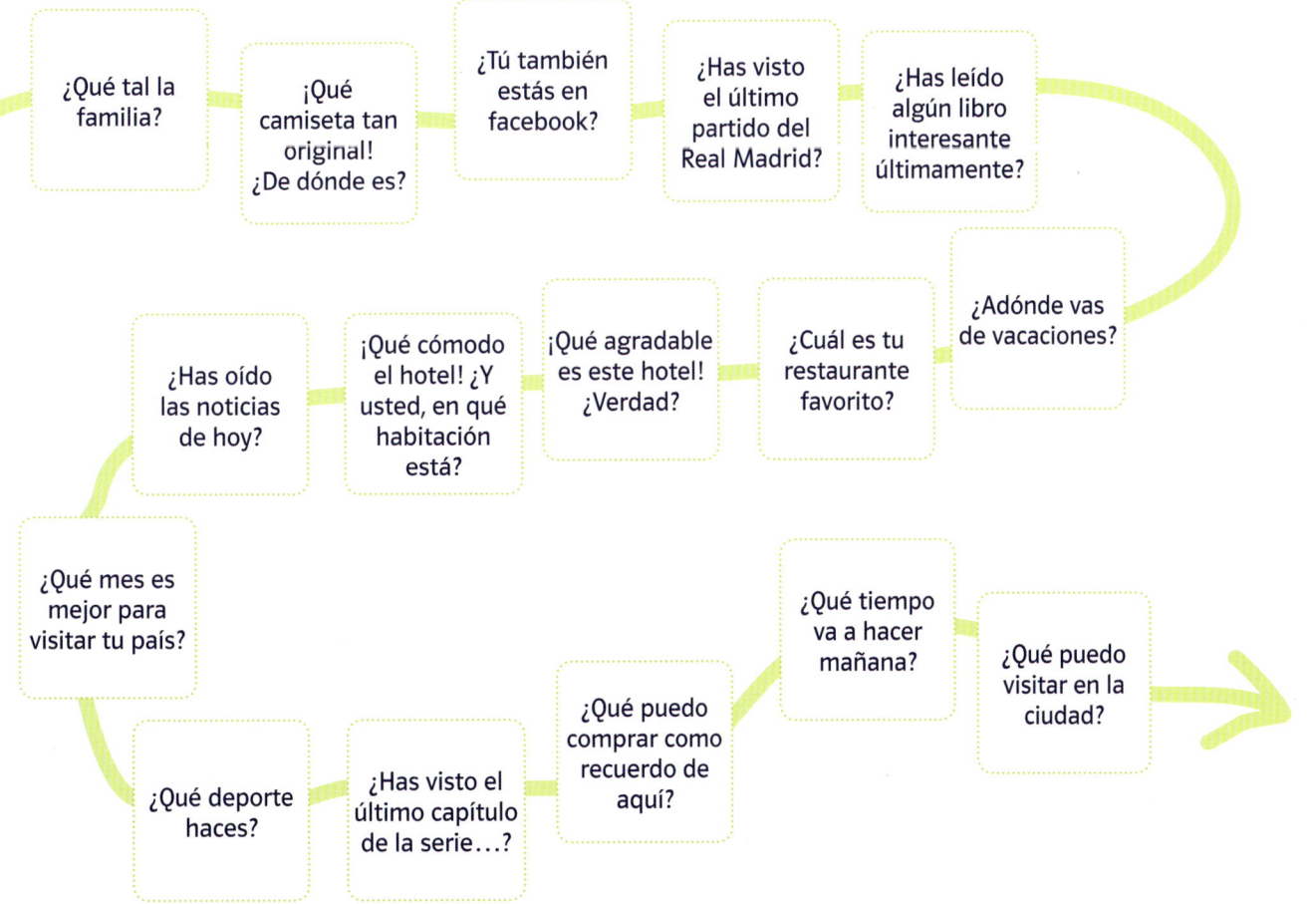

Te toca a ti

10 Responder a una propuesta

Tu jefe ha escrito esta nota para una reunión. Tú necesitas más tiempo de preparación.
Escribe un correo y propón otra fecha.

*Reunión en mi despacho mañana a las 12.00.
Necesitamos terminar la presentación de la
próxima semana y faltan algunos datos.*

TALLER DE ESCRITURA
> Ten en cuenta el registro (formal o informal).
> Haz referencia a la propuesta: *En relación con la propuesta de reunión…*
> Justifica el rechazo: *Ese día / A esa hora no puedo porque…*
> Pide una confirmación: *Por favor, puede/s confirmarme…*

11 Concertar una cita

En parejas. Quieres visitar a un/a cliente/-a habitual. Hablad por teléfono para concertar una cita.

Cliente/-a   **Empleado/-a**

Respondes a la llamada con tu nombre y tu función.

      Te presentas, saludas y preguntas cómo está o haces algún comentario para empezar.

Respondes y haces también alguna pregunta.

      Reaccionas, dices el motivo de tu llamada y propones una fecha.

Dices que esta semana no es posible y das una explicación.

      Propones una fecha alternativa.

Aceptas la propuesta.

      Confirmas los datos y te despides.

TALLER DE COMUNICACIÓN
> Si conoces a la persona, es habitual tratar temas informales antes de tocar el tema que te interesa.
> Para confirmar una información: *Entonces, quedamos el…*

MI FICHA

COLOMBIA

Capital Bogotá

Población 47 millones

Superficie 1.141.748 km²

PIB $378 mil millones

Moneda peso colombiano

Lengua oficial español

Temperatura máx. 20°
enero, mín. 7° enero

mayor productor mundial de esmeraldas

el 100 % de la producción de café se cultiva y cosecha a mano

32 millones vendidos de "Cien años de soledad" de García Márquez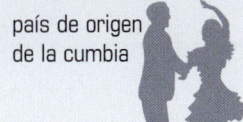

país de origen de la cumbia

300 km de caminos para bicis en Bogotá

segundo país exportador de flores

// COLOMBIA //

Vas a querer quedarte

" Yo normalmente voy a recoger a un cliente a la estación o al aeropuerto, especialmente si no conoce la ciudad. Y no importa la hora. Es nuestra forma de dar la bienvenida.
Es normal hacer reuniones con clientes en un restaurante.
O si nos encontramos primero en la empresa, después salimos a comer. Compartir mesa ayuda a crear un clima de confianza. Después, con un poco menos de distancia, se puede hablar de trabajo. Los mejores negocios se hacen en la mesa de un restaurante. "

Andrés, director de Marketing, Bogotá

¿Se organizan muchas comidas con clientes en tu país?
¿Vas a recoger a familiares, amigos o clientes cuando llegan a la ciudad?

hablar de planes

El lunes voy a ver a un cliente.
Carlos va estar en Valencia el 22.
María quiere viajar mañana a Vigo.
Pensamos estudiar juntos el fin de semana.

dar consejos

Conviene elegir un estilo elegante.
Es mejor decidirse por un estilo más formal.
Es recomendable ser menos convencional.
Es necesario usar colores clásicos.

concertar una cita

proponer	aceptar	rechazar
• ¿Tienes ganas de tomar un café?	○ Vale.	○ Justo ese día no puedo.
• ¿Por qué no quedamos el lunes?	○ De acuerdo.	○ Lo siento, pero no puedo.
• ¿Qué te / le parece si nos vemos…?	○ Muy bien.	○ Es que tengo otra reunión.
• ¿Cuándo / Dónde podemos vernos?	○ Perfecto.	○ ¡Qué pena!
• ¿Qué tal si quedamos a las 10?	○ A las 10 es posible.	○ Mejor a otra hora.

la ropa

la camiseta	la falda	la chaqueta	de hombre
la camisa	el vestido	el abrigo	de mujer
la blusa	los pantalones	los zapatos	unisex
el jersey	el traje	las botas	

el diseño

a rayas ≣
a cuadros ▦
de lunares •••
de flores ❁

el material

de cuero
de lana
de seda
de algodón

el tiempo

Hace calor. / ¡Qué calor hace!
Hay niebla. / ¡Qué niebla hay!

Hace frío / ¡Qué frío hace!
Hace sol. / ¡Qué sol hace!

Llueve. / ¡Cómo llueve!
Nieva. / ¡Cómo nieva!

el 'futuro próximo' > 9.6.1

ir a + infinitivo		
voy		
vas		comer con una amiga.
va	a	quedar con Pablo a las 3.
vamos		ir el lunes al gimnasio.
vais		hacer un viaje mañana.
van		

Usamos la perífrasis **ir a +** infinitivo para hablar de planes o proyectos en el futuro.

los adjetivos de color > 4.2

-o/-a	m / f
blanco/-a	azul
negro/-a	verde
rojo/-a	gris
amarillo/-a	marrón
	naranja / rosa

OJO Rosa, **naranja** se usan en singular y plural: zapatos rosa(s).

los demostrativos > 6.5

	masculino		femenino	
sg.	este		esta	
	ese	abrigo	esa	falda
	aquel		aquella	
pl.	estos		estas	
	esos	abrigos	esas	faldas
	aquellos		aquellas	

Este/-a hace referencia a algo que está cerca de la persona que habla; **ese/-a**, a algo cerca de la persona que escucha; con **aquel / aquella** señalamos lo que está lejos del hablante y oyente.

OJO Esto / Eso / Aquello se usan para referirse a algo que no es necesario nombrar:
¿Qué es **eso**?

frases exclamativas > 13.4

qué:	¡**Qué** frío hace! ¡**Qué** camiseta **tan** original! ¡**Qué** simpático es!
cómo:	¡**Cómo** llueve! ¡**Cómo** ha subido la gasolina!
cuánto:	¡**Cuánto** lo siento!

Comprender mejor

a Lee este artículo sobre el turismo en Cuba. ¿Qué título puede tener?

// CUBA INTENSA // Revista de turismo de Cuba

Los 74.535 turistas argentinos que han viajado a Cuba entre enero y septiembre de este año encabezan el ranking de los latinoamericanos que han elegido la isla caribeña para pasar las vacaciones, según la Oficina Nacional de Estadísticas e Información (ONEI).

Argentina es actualmente el cuarto país en número de turistas, detrás de Canadá, Inglaterra y Alemania.

En América Latina, los turistas mexicanos tienen la segunda posición este año con 64.078 visitantes, seguidos de Venezuela con 31.572. Los 28.675 turistas de Chile marcan uno de los crecimientos más altos de esta región geográfica frente a los 21.959 visitantes chilenos del año pasado.

De América del Norte, Central, del Sur y el Caribe han visitado la isla 1.494.787 personas y de Europa se han registrado 623.377, frente a los 593.679 del mismo período del año pasado.

En total, Cuba ha recibido a 2.170.242 viajeros extranjeros en los primeros nueve meses del año, con unos ingresos turísticos que superan los 1412 millones de dólares.

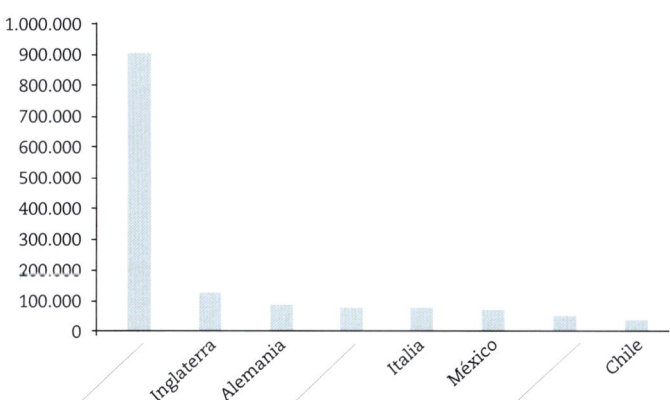

b Lee otra vez y completa el gráfico con los países que faltan.

> lectura: visualización, p. 119

c Escucha esta entrevista relacionada con el turismo y toma nota de estos aspectos. ▶▶ 84

¿Quién?	¿Qué?	¿Por qué?

> audición: formular preguntas, p. 119

d Imagina que eres el / la único/-a que ha escuchado la entrevista. Explica a tus compañeros con tus propias palabras lo que has entendido.

> mediación, p. 119

> instrucciones, p. 120

Juego de pronombres

A	usar	comprar	vender	llevar	A
reloj					ɾǝloɾ
zapatos					sotedez
botas					setoq
agenda					epuǝƃe
gafas					sejeƃ
corbata					eteqɹoɔ
despertador					ɹopeʇɹǝdsǝp
traje					ǝɾeɹʇ
ordenador					ɹopeuǝpɹo
B	llevar	vender	comprar	usar	B

Momento de cambios // 9

describir casas y oficinas // hablar de hábitos en el pasado // hablar de cambios en la vida laboral // hablar de cantidades

1 La oficina del futuro

a Mira la foto. ¿Qué tipo de empresa puede ser? ¿Conoces una empresa similar?

Puede ser una empresa de informática…

b En grupos de tres. ¿Os imagináis trabajar en esta oficina? ¿Cuáles son las ventajas y desventajas?

trabajo en equipo · ruido · descanso · flexibilidad de horarios · estrés · creatividad · control · calidad de trabajo · intercambio de ideas · productividad · comunicación · intimidad · …

c Presentad los resultados.

Yo creo que en este tipo de oficina hay menos…   Sí, pero… es mejor.   Seguro que el horario es más flexible.   ↗1

Mi nueva oficina

2 Ideas para la nueva oficina

a La empresa de Carla abre una oficina en Sevilla y ella tiene que buscar un local.
Lee estos consejos de una revista y marca los objetos que se ven en la foto.

El feng-shui, una antigua práctica para disminuir el estrés y aumentar la calidad del trabajo.

CONSEJOS:

- El lugar ideal para tu escritorio: enfrente de la puerta.
- Una silla grande y cómoda da sensación de seguridad.
- Las ventanas, balcones o terrazas mejor a la derecha o izquierda del escritorio.
- Las paredes de verde, azul o gris y los muebles de colores claros.
- Las estanterías pueden estar detrás de ti.
- La luz no demasiado fuerte. Para crear un ambiente agradable conviene poner algunas lámparas.
- Las plantas crean buena energía en tu espacio laboral.

b Escucha esta conversación entre Carla y una compañera y marca en el texto qué consejos son importantes para ella. ▶▶ 85

c Escucha otra vez. ¿Cómo tiene que ser su nueva oficina? Márcalo.

La oficina tiene que ser…
- ☐ luminosa
- ☐ tranquila
- ☐ interior

La oficina tiene que tener…
- ☐ servicio
- ☐ un despacho amplio
- ☐ una cocina equipada

La oficina tiene que estar…
- ☐ amueblada
- ☐ bien comunicada
- ☐ en una zona comercial

d ¿Y qué es importante para ti? Añade al menos un criterio más en cada columna.
Luego, comparad los resultados en el pleno.

3 ¿Y tu lugar de trabajo?
En parejas. Describe a tu compañero/-a la habitación donde trabajas o estudias.
Él / Ella la dibuja. ¿Sigue los consejos feng-shui? ¿Por qué (no)?

....
> más muebles, p. 194
....

Hay una estantería.
Está enfrente de la puerta.

⬏ 2
....

Recuerda
hay / estar, p. 55
expresiones de lugar,
p. 58

4 Llamo por el anuncio...

a Lee estos anuncios. ¿Qué oficina es ideal para Carla? ¿Por qué?

Calle San Pablo, 23 - 41001 Sevilla

Precio m² 11 €, 120 m², habitaciones 2
Oficina bien comunicada y amueblada. Cerca de la estación de Santa Justa. Amplia recepción, sala de reuniones y gran despacho. Exterior con grandes ventanas. Muy luminosa.

Precio m² 11 €, 150 m², habitaciones 3
Oficina en primera planta situada en zona peatonal. Dos despachos, sala de reuniones, servicio pequeño. Cocina equipada. Acceso a Internet. Parking público cerca.

Precio m² 10 €, 110 m², habitaciones 1
Oficina en zona residencial bien comunicada. Tercera planta. Ascensor. Amplia recepción, despacho interior, pequeño servicio. Garaje y aire acondicionado.

Precio m² 12 €, 150 m², habitaciones 3
Oficina en edificio de oficinas en zona comercial. Aire acondicionado. Muy luminosa, exterior. Recepción, sala de reuniones y dos despachos. Cocina y dos servicios.

plantas del edificio
planta baja
primera planta
segunda planta
tercera planta

b Carla ha elegido una oficina y llama a la agencia inmobiliaria para pedir más información. Escucha. ¿Qué oficina es? ▶▶ 86

c Escucha otra vez y marca las preguntas que hace.

☐ ¿Es un edificio moderno?
☐ ¿Está reformado?
☐ ¿En qué planta está?
☐ ¿Tiene aire acondicionado?

☐ ¿Cuánto cuesta el alquiler?
☐ ¿Están incluidos los gastos de comunidad?
☐ ¿Hay que pagar una fianza?
☐ ¿Cuándo puedo ver la oficina?

↗ 3–6

expresar obligación
hay que + infinitivo

5 Buscamos oficina

a En grupos de tres. Buscáis una nueva oficina para los tres. Primero decidid cómo tiene que ser.

m² · precio del alquiler · estado · ubicación · n° de habitaciones · ...

b Ahora, escribid un pequeño anuncio para buscar la oficina.

Buscamos oficina con 3 despachos en...
Tiene que...
Precio máximo...

↗ 7

> más partes de la casa / oficina, p. 195

Mi nueva vida

6 Cambios de vida

a ¿Qué te puede cambiar la vida? Pon algunas ideas y compara con tu compañero/-a.

b Carla se ha mudado a Sevilla. Lee el correo que le escribe a su amiga. ¿Está contenta con su nueva vida? ¿Por qué (no)?

Querida Andrea:

Estoy en Sevilla desde septiembre y todavía no conozco la ciudad. La verdad es que he tenido mucho trabajo con la mudanza. Mi vida es un caos y estoy muy sola aquí.
En Málaga veía a mis amigos casi todos los días. Además, mi familia estaba allí y me encontraba los fines de semana con mi hermana porque hacíamos deporte juntas. Aquí no conozco a nadie. El ambiente de trabajo era también muy diferente en Málaga: la oficina era grande y había muchos colegas. Aquí estoy sola con la secretaria. Antes iba a comer con mis compañeros y compartíamos muchas tareas de la oficina, ahora siempre como sola. La secretaria sale a comer con su novio y yo me quedo en el despacho.
En Málaga, el horario era más flexible y trabajaba a veces desde casa. Allí tenía una buena cartera de clientes, pero aquí tengo que hacer una nueva. Además, tengo mucha más responsabilidad que en Málaga, pero el mismo salario.
Sí, ya sé qué me vas a decir: tengo que salir y conocer a gente, ¿pero cuándo?
Y por ahí, ¿qué tal todo?

Besos, Carla

---

conocer (zc)
cono**zc**o, conoces...

c Lee otra vez y completa las frases con el infinitivo.

La vida en Málaga era mejor porque Carla podía...

1. _____ a sus amigos
2. _____ con su hermana
3. _____ deporte
4. _____ a comer con sus colegas
5. _____ las tareas de la oficina
6. _____ desde casa

d En el texto hay un nuevo tiempo: el imperfecto. Marca las formas en el texto y completa la tabla.

↗ 8–10

el imperfecto
Usamos el imperfecto para hablar de hábitos en el pasado.

hay > había

verbos en **-ar**	verbos en **-er/-ir**		ser	ver	ir
			era	_____	_____
trabaj**abas**	ten**ías**		eras	ve**ías**	**ibas**
trabaj**aba**	ten**ía**		_____	ve**ía**	**iba**
trabaj**ábamos**	ten**íamos**		**éramos**	ve**íamos**	**íbamos**
trabaj**abais**	ten**íais**		erais	ve**íais**	**ibais**
trabaj**aban**	ten**ían**		eran	ve**ían**	**iban**

7 Antes era diferente

a Escucha a tres personas que hablan de cambios en su vida y relaciona con las fotos. ▶▶ 87 – 89

b ¿Qué dice cada una de las personas? Relaciona y pon los verbos en imperfecto.

☐ Antes *salíamos* _____ con los amigos.
☐ Antes mi vida _____ más interesante.
☐ Antes _____ mucho estrés.
☐ Antes _____ más tiempo libre.
☐ Antes _____ más flexible.
☐ Antes _____ dormir mucho más.
☐ Antes no _____ tanto dinero.
☐ Antes _____ muchos viajes de negocios.
☐ Antes _____ todo el día en reuniones.

c Escucha otra vez y comprueba.

8 Cuando tenía 15 años...

¿Qué hacías a los 15 años y con qué frecuencia lo hacías? Completa la ficha.
Luego, pregunta a tu compañero/-a y comparad los resultados.

	todos los días	muchas veces	a veces	(casi) nunca
ver la tele	☐	☐	☐	☐
hacer deporte	☐	☐	☐	☐
leer	☐	☐	☐	☐
ver a amigos / amigas	☐	☐	☐	☐
ir al cine	☐	☐	☐	☐
hacer los deberes	☐	☐	☐	☐
visitar a la familia	☐	☐	☐	☐

¿Veías mucho la tele?
Sí, todos los días. / No, casi nunca.

a + persona
ver **a** amigos
OJO ver la tele

↗ 11 – 13

marcadores temporales
Antes
A los 15 años
Cuando tenía 15 años

9 ¿Cómo era antes?

¿Cómo ha cambiado tu vida en los últimos diez años? ¿Cómo era antes y qué es diferente ahora?
Escribe un pequeño texto.

Nuevas formas de trabajo

10 La oficina en casa

a ¿Qué asocias con el teletrabajo? ¿Alguno de tus conocidos trabaja desde casa? ¿Qué hace?

Para mí significa…

Yo lo asocio con…

b Lee este texto y subraya las ventajas y desventajas del teletrabajo.

El teletrabajo funciona, pero no en pijama

El 57 % de los españoles quiere trabajar desde casa, pero solo el 22 % de los trabajadores tiene esta posibilidad. Te contamos cuáles son las ventajas y cómo puede funcionar.

Trabajar desde casa es posible. Regla número uno: no trabajar en pijama. Las rutinas como vestirse o empezar a la misma hora ayudan a organizar el tiempo, como confirma un estudio del Gobierno vasco. Según los resultados, un 84 % de los teletrabajadores ha mejorado la capacidad de organizar su tiempo y trabajo. Además, el 70 % ha mejorado la productividad y el 42 % la calidad de su trabajo.

¿Qué se necesita para poder trabajar con éxito desde casa? El teletrabajador ideal necesita disciplina, autoorganización y saber separar en su casa el espacio de trabajo del espacio privado. Si lo consigue, los resultados son brillantes.
Así la mayoría, el 85%, considera positiva la experiencia y quiere continuar esta forma de trabajo. Casi todos se sienten cómodos en la oficina en casa y solo un 5% dice que no puede concentrarse o no tiene disciplina para organizar sus horas de trabajo. En resumen, el teletrabajador necesita autonomía, automotivación y una buena dosis de autocontrol.

Texto adaptado de El País (Raquel Seco)

c Mira las frases y relaciónalas con las expresiones de cantidad correspondientes.

la mitad · la mayoría · casi todos · casi nadie · algunos

hablar de cantidades	
	El 95 % se siente cómodo en la oficina en casa.
	El 85 % considera positiva la experiencia.
la mitad	El 50 % de los teletrabajadores ha mejorado su salud.
	El 22 % tiene la posibilidad de trabajar desde casa.
	Solo un 5 % no puede concentrarse en casa.

 14 – 17

d Lee otra vez el texto y sustituye los porcentajes por expresiones de cantidad.

11 Una encuesta en la clase

a En dos o tres grupos. ¿Sois capaces de trabajar en casa? Comentad por qué (no) y tomad notas de los resultados.

Para mí es ideal porque me gusta…

Yo no soy capaz de trabajar en casa porque…

b Después, resumid los resultados de vuestro grupo.

En nuestro grupo, la mitad… Los argumentos son…

12 La oficina de antes

a Mira la foto. ¿Qué aspectos crees que han cambiado? Habla con tu compañero/-a.

teléfono fijo · telegrama · máquina de escribir · silla · archivador · …

Antes las sillas no eran tan cómodas.

Recuerda
la comparación, p. 77

b Decide si estos aspectos se refieren a la actualidad o al pasado y escribe frases en presente o en imperfecto.

– quedarse muchos años en la misma empresa
– tener jornada laboral más larga
– haber horarios flexibles
– no haber Internet

– no haber mujeres en puestos directivos
– ser necesario tener buena formación y especialización
– mudarse por motivos profesionales
– ser necesario hablar idiomas

Antes, los trabajadores se quedaban muchos años en la misma empresa. Hoy…

c Escucha una entrevista con una experta y compara con tus hipótesis. ▶ 90   18–20

13 El mundo laboral de mi país

En grupos. ¿Cómo ha cambiado la situación laboral de vuestro país? Elegid alguno de estos aspectos y escribid un pequeño informe.

Internet · la mujer en el trabajo · profesiones · movilidad · estudios universitarios · horarios · jornada laboral · salario · idiomas

Antes, las mujeres… y hoy…

Te toca a ti

14 Estoy interesado/-a en...

Uno de los anuncios de la página 99 te interesa para tu propia oficina. Escribe un correo a la agencia inmobiliaria Inmosol para pedir más información.

Estimados señores:

Les escribo por_____

_____

He leído su anuncio en_____

Me interesa saber si_____

_____

_____

_____

Esperando su respuesta, les saluda

_____

TALLER DE ESCRITURA

> Menciona dónde has leído el anuncio y qué oficina te interesa.
> Pide algunas informaciones más: ubicación, estado del edificio, m², aire acondicionado, gastos de comunidad, fianza...
> Pide una respuesta.

15 Llamo por el anuncio...

En parejas. Trabajas en la agencia inmobiliaria Inmosol. Recibes una llamada de un/a cliente/-a que quiere información sobre una de las oficinas.

Agente inmobiliario	Cliente/-a
Respondes a la llamada con tu nombre y función.	
	Saludas y dices el motivo de tu llamada.
Reaccionas amablemente.	
	Pides las informaciones que te interesan.
Contestas todas las preguntas y mencionas alguna información más.	
	Muestras interés y preguntas si puedes ver la oficina.
Le ofreces una fecha.	
	Aceptas la fecha y te despides.
Te despides.	

TALLER DE COMUNICACIÓN

> Contesta amablemente y, si es posible, menciona alguna información más.
> Si el / la cliente/-a no está convencido/-a, insiste en las características positivas.
> Ofrece una fecha para visitar la oficina.
> Para concertar una cita, recuerda los recursos de la p. 87.

MI FICHA

_____

_____

_____

_____

_____

PERÚ

Capital Lima

Población 30,5 millones

Superficie 1.285.216 km²

PIB $300 mil millones

Moneda nuevo sol

Lenguas oficiales español y lenguas indígenas según la región

Temperatura máx. 26° noviembre, mín. 8° julio

100.000 itios arqueológicos

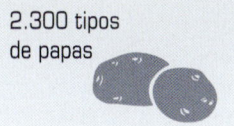

2.300 tipos de papas

casi **500** platos típicos

mayor productor de oro

"El cóndor pasa" es parte de una obra de teatro cantada

primer exportador de espárragos mundial

// PERÚ //

Un país de leyenda

"Muchos extranjeros conocen el dicho "mi casa es tu casa". Es un tópico, pero es verdad. Nos gusta invitar a los amigos a nuestra casa y también es normal invitar alguna vez a los compañeros de trabajo o a un cliente a comer o a cenar. La casa es el centro de la vida privada y familiar. Si una persona tiene una buena relación con nosotros, pues nos gusta mostrar dónde y cómo vivimos. ¿Alquilar o comprar? La mayoría de la gente prefiere comprar, si tiene la posibilidad."

Marita, gerente de proyectos, Lima

¿Y tú? ¿A quién invitas a tu casa? ¿Las casas en tu país se compran o se alquilan?

Comunicación

la casa y la oficina

las habitaciones	las partes de la casa	los muebles	las plantas del edificio
la oficina	la puerta	el escritorio / la mesa	la planta baja
el despacho	la ventana	la silla	la primera planta
la recepción	la pared	la estantería	la segunda planta
el servicio	la terraza	el armario	la tercera planta
la cocina	el balcón	la lámpara	el ascensor

describir la casa / la oficina

Es moderno/-a / antiguo/-a.
Es tranquilo/-a.
Es luminoso/-a.
Es exterior / interior.

describir el estado

Está reformado/-a.
Está amueblado/-a.
Está bien comunicado/-a.
La cocina está equipada.

hablar de la situación

Está en un edificio de oficinas.
Está en la zona comercial.
Está cerca de la estación.
Está al lado del parking.

hablar de cantidades

Casi todos se han mudado una vez.
La mayoría, el 80 %, trabaja en una oficina.
Algunos han mejorado su salud.
Nadie trabaja en pijama.

hablar de hábitos en el pasado

Antes veía a mis amigos todos los días.
Cuando era joven, hacía deporte todos los días.
A los 15 años leía muchos libros.
En los años 50, el ambiente de trabajo era diferente.

Gramática

el imperfecto > 9.3

	verbos en **-ar**	verbos en **-er/-ir**
yo	busc**aba**	ten**ía**
tú	busc**abas**	ten**ías**
él / ella / usted	busc**aba**	ten**ía**
nosotros/-as	busc**ábamos**	ten**íamos**
vosotros/-as	busc**abais**	ten**íais**
ellos / ellas / ustedes	busc**aban**	ten**ían**

formas irregulares > 9.3.1

ser	ver	ir
era	veía	iba
eras	veías	ibas
era	veía	iba
éramos	veíamos	íbamos
erais	veíais	ibais
eran	veían	iban

Excepto **ser**, **ver**, **ir** no hay verbos irregulares en imperfecto. El imperfecto de **hay** es **había**.
El imperfecto se usa para describir cualidades o hábitos en el pasado.

los verbos con -zc- > 9.1.2

conocer
cono**zc**o
cococes
conoce
conocemos
conocéis
conocen

el objeto directo con personas > 2.3

¿Conoces **a** mi compañero?
¿Conoces ~~a~~ esta ciudad?

Antes veía mucho **a** mis amigos.
Antes veía mucho ~~a~~ la tele.

Tengo ~~a~~ una hermana.

cuantificadores > 6.6

(casi) todos/-as
muchos/-as
la mayoría
la mitad
algunos/-as
pocos/-as
(casi) nadie

la obligación > 9.6.1

Tengo que trabajar mucho.
La oficina **tiene que** ser tranquila.
¿**Hay que** pagar una fianza?

Hay que + infinitivo es una forma impersonal. La usamos para expresar obligación sin mencionar a una persona concreta.

los porcentajes > 7.3

El 95 % de los trabajadores se siente cómodo en su oficina en casa.
Solo **un 5 %** no puede concentrarse en casa.

Los porcentajes se usan con el artículo determinado o indeterminado.

SE BUSCAN QUIJOTES

Llegar a la meta // 10

dar datos biográficos // hablar de habilidades profesionales // hablar de la experiencia laboral // escribir una carta de presentación // hacer una entrevista de trabajo

1 Se buscan Quijotes

a ¿Conoces a Don Quijote de la Mancha? Mira la publicidad, ¿qué cualidades y habilidades asocias con la persona?

ser	tener	saber	
– creativo	– iniciativa	– idiomas	
– práctico	– experiencia	– trabajar en equipo	*Creo que es…*
– emprendedor	– ganas de viajar	– tratar con gente	
– idealista	– interés en aprender	– tomar decisiones	

b En grupos. Haced una lista con las cualidades y habilidades que en vuestra opinión se valoran más hoy en el mundo laboral. Luego, presentadla a la clase.

Para nosotros hoy un trabajador tiene que ser…

Las claves del éxito

2 Las claves del éxito

a ¿Conoces a estos empresarios? ¿Qué sabes de ellos? Relaciona con las informaciones.

☐ Nace en Nueva York. En 2004 funda facebook con sus compañeros de universidad.

☐ Nace en 1936. A los 13 años deja la escuela. Con su marido abre la primera tienda de Zara.

☐ Nace en California. A los 23 años crea en España la red social tuenti.

1. Rosalía Mera

2. Mark Zuckerberg

3. Zaryn Dentzel

b Lee ahora la biografía de Zaryn Dentzel y ordena las etapas de su vida.

☐ volver a Estados Unidos
☐ nacer en California
☐ ir a la universidad

☐ crear la red social tuenti
☐ llegar a España para un intercambio

EL CHICO DE LA CAMISETA ES EL JEFE

Todo empezó en una oficina no muy limpia de Madrid en 2006. "Tan sucia que un día empezaron a salir cucarachas de la cafetera". Lo cuenta Zaryn Dentzel, uno de los creadores de tuenti. Zaryn nació en 1983 en Santa Barbara, California. A los 15 años llegó a España para hacer un intercambio de estudios sin saber una palabra de español. Un año después volvió a Estados Unidos, terminó el instituto y más tarde fue a la universidad. Se especializó en Relaciones Internacionales y Literatura Española. En esa época empezó a interesarse por las redes sociales para mantener el contacto con sus amigos españoles. Con ellos decidió crear una red social en España. Entonces volvió a España y junto a sus amigos creó la red social tuenti. "Trabajamos mucho. Recuerdo las noches que pasamos sin dormir. La verdad es que el proceso de creación fue muy duro." En la actualidad, Zaryn vive en Madrid, donde tuenti tiene sus oficinas centrales.

c En el texto hay un tiempo nuevo: el indefinido. Marca las formas y di cuál es el infinitivo. Luego, completa la tabla.

el indefinido
Se usa para hablar de acciones pasadas en un momento concreto y terminado del pasado.

verbos en **-ar**	verbos en **-er/-ir**	ser / ir
trabaj**é**	volv**í**	fui
trabaj**aste**	volv**iste**	fuiste
trabaj**ó**		
_____	volv**imos**	fuimos
trabaj**asteis**	volv**isteis**	fuisteis
trabaj**aron**	volv**ieron**	fueron

d Lee otra vez el texto y marca las expresiones temporales que acompañan a las etapas. Luego, haz un resumen de la biografía de Zaryn Dentzel.

↗ 1-2

3 La historia de un sueño

a Zaryn Dentzel ha escrito un libro sobre la historia de tuenti. Completa la entrevista con las formas del indefinido.

>> Tú _____ (dejar) la escuela a los 14 años. ¿Es verdad?
>> Sí, es verdad. _____ (hablar) con mis padres y ellos lo _____ (aceptar). Entonces _____ (ir) a España. _____ (llegar) en 1998 y _____ (vivir) cinco meses con una familia. _____ (ser) una experiencia fantástica.
>> ¿Los errores son necesarios para tener éxito?
>> Sí, yo soy el mejor ejemplo. Mi primera experiencia en las redes sociales _____ (ser) en EE.UU. _____ (crear) una red social sobre política que no _____ (funcionar). Pero _____ (aprender) mucho para poder crear tuenti unos años después.
>> ¿Por qué el título del libro, "El futuro lo decides tú"?
>> Yo _____ (realizar) mi sueño y quiero compartir con otros jóvenes mi experiencia.

Zaryn Dentzel
Fundador de Tuenti

El futuro lo decides tú

Experiencias de un emprendedor

conecta

OJO
realizar: reali**c**é, realizó
llegar: lle**gu**é, llegó

b En cadena. La primera persona dice uno de estos verbos en la primera persona de singular del indefinido, la siguiente en el plural.

escribir • beber • ir • comer • estudiar • hablar • ser • responder • llegar • vivir • realizar • viajar • tomar • conocer • salir • necesitar • organizar

Estudié.

Estudiamos.

4 Datos biográficos

a ¿Conoces a estas personas? Relaciona los datos.

John F. Kennedy	abrieron su primer supermercado	de 2006 a 2010.
Penélope Cruz	fue presidenta de Chile	hace más de 50 años.
Michelle Bachelet	empezó a hacer cine	en 1952.
Los hermanos Albrecht	conoció a Jacqueline Bouvier	a los 16 años.

marcadores temporales
en 1995
el año pasado
de 2005 a 2008
el 20 de abril
hace un mes / un año
un año después

b Apunta ahora algunos datos de tu biografía.

nacer • ir a la escuela • empezar los estudios • empezar a trabajar • cambiar de trabajo • mudarse de ciudad • conocer a… • casarse • …

Nací en 1990.

c En grupos. Menciona cuatro años. Tus compañeros adivinan qué pasó en ese año.

1990.

¿Empezaste los estudios?

3–6

Ofertas de trabajo

5 **Ofertas de trabajo de una empresa de Internet**

a Lee esta oferta de una empresa de Internet. ¿Para cuál de los siguientes puestos es?

gestor/a de contenidos digitales · abogado/-a · diseñador/a web · asistente de dirección · especialista en Marketing online

Empresa de Internet busca un/a
_____ **para su oficina de Barcelona**

FUNCIONES:
· Llevar la agenda y correo electrónico del presidente de la compañía
· Organizar reuniones, viajes, eventos y recepción de visitas
· Preparar actas y presentaciones
· Gestionar el archivo y la documentación

SE REQUIERE:
· Experiencia mínima de 3 años en el sector
· Conocimientos avanzados de Office (Word, Excel y PowerPoint)
· Nivel muy alto de inglés
· Orientación al cliente, capacidad de comunicación y flexibilidad
· Persona muy activa, dinámica y acostumbrada a trabajar de forma autónoma

SE OFRECE:
· Desarrollo profesional y formación a cargo de la empresa

Interesados enviar C.V. y carta de presentación a:
recursoshumanos@lidering.es

b Lee otra vez y marca en la tabla qué se pide para el puesto. ¿Puedes completar la tabla con más elementos de la oferta?

Ser…	Estar…	Saber…	Tener…
– capaz de organizar	– dispuesto/-a a viajar	– idiomas	– mucha experiencia
– flexible	– acostumbrado/-a a trabajar en equipo	– organizar	– título universitario
– creativo/-a		– convencer	– capacidad de negociación
– comunicativo/-a		– escuchar	– conocimientos de informática
– _____	– _____	– _____	– _____

c En grupos de tres. Elegid un puesto de la actividad 5 a y haced una lista de las cualidades y habilidades que se necesitan. Luego comparad vuestra lista con la de otro grupo.

d En parejas. Di a tu compañero/-a qué cualidades o habilidades tienes y da algunos ejemplos. Tu compañero/-a decide qué puesto es ideal para ti.

Yo soy creativo/-a. Me gusta el arte y sé dibujar…

Te recomiendo "especialista en Marketing online".

7–8

6 La carta de presentación

a Lee esta carta de presentación. ¿Piensas que la persona es adecuada para el puesto anterior?

ASUNTO: solicitud del puesto de asistente de dirección

Estimados señores:

En relación con la oferta publicada en su página web, les envío mi currículum con el objetivo de participar en el proceso de selección. **1**

Considero que mi formación y experiencia son adecuadas para el puesto. Soy una persona organizada y estoy acostumbrada a trabajar de forma autónoma. **2**

Después de mis estudios, estuve en Londres un año para perfeccionar mi inglés. Cuando volví a España, hice unas prácticas en la empresa Global Facility como secretaria de dirección. Después, trabajé en CGM Asesores, donde tuve la oportunidad de gestionar las agendas de los directivos. Además, pude gestionar el archivo de la empresa. Desde 2012 trabajo como asistente de dirección en Powerview. **3**

Quedo a su disposición para proporcionarles más detalles sobre mi C.V. en una entrevista. **4**

En espera de sus noticias, les saluda atentamente

Teresa Rubio

b Lee la carta otra vez y decide en qué parte están las siguientes informaciones.

☐ referencia al anuncio   ☐ trayectoria profesional   ☐ despedida   ☐ adecuación al puesto

c En la carta hay algunas formas irregulares del indefinido. Márcalas. ¿Cuál es el infinitivo?

	estar
yo	estuve
tú	estuviste
él / ella / usted	estuvo
nosotros/-as	estuvimos
vosotros/-as	estuvisteis
ellos / ellas / ustedes	estuvieron

infinitivo	raíz	terminación
_____	hic-	-e
_____	pud-	-iste
_____	tuv-	-o
		-imos
		-isteis
		-ieron

> más indefinidos irregulares, p. 116

OJO
hice, hizo

d En parejas. Pregunta a tu compañero/-a cuándo hizo por última vez estas cosas. Elige tres informaciones para presentarlas.

comer pescado · ir de vacaciones · estar enfermo/-a · tener una entrevista · hablar en público · hacer un examen · hacer una presentación · poder comer tu plato favorito

¿Cuándo comiste pescado por última vez?

Ayer. / Hace tres meses.

↗ 9 – 11

Recuerda
marcadores temporales, p. 109

7 Buscando candidatos

En parejas. Trabajáis en el departamento de personal de tuenti y necesitáis cubrir uno de los puestos de 5 a. Elegid uno de ellos y redactad la oferta de trabajo.

Nombre:	Teresa
Apellidos:	Rubio Romerales
Fecha de nacimiento:	10-11-1985
Dirección:	Avda. de Navarra 55, 50010 Zaragoza
Teléfono:	976 980875
Correo electrónico:	tererubio@yahoo.es

2001 – 2003	Bachillerato, Instituto Santa Eugenia, Gerona
2003 – 2006	Diplomada en Secretariado Internacional de Alta Dirección, Universidad de Barcelona

2007 – 2008	Prácticas de secretaria de dirección en Global Facility, Gerona
2008 – 2012	Secretaria de dirección en CGM Asesores, Barcelona
2012 – actualidad	Asistente de dirección en Powerview, Zaragoza

Inglés:	Nivel avanzado (C1): Certificate of Proficiency in English, Cambridge 2007
Alemán:	Nivel intermedio (B1)

Programas:	Word, Excel, Access, usuaria avanzada de Internet

Mi trayectoria profesional

8 La entrevista de trabajo

a Este es el currículum de Teresa Rubio. Complétalo con el título de los apartados.

Estudios · Idiomas · Información personal · Experiencia laboral · Informática

b Teresa ha conseguido una entrevista. La jefa de personal le pide resumir su trayectoria. Escucha y marca en el currículum qué aspectos menciona. ▶▶ 91

c Lee estas preguntas. ¿Cuáles crees que le van a hacer en la entrevista?

☐ ¿Ha hecho cursos de idiomas en el extranjero?
☐ ¿Sabe hablar en público? ¿Ha tenido que hacerlo alguna vez?
☐ ¿Por qué quiere dejar su puesto de trabajo actual?
☐ ¿Por qué quiere trabajar para nuestra empresa?
☐ ¿Cuáles son sus puntos fuertes para un puesto de este tipo?
☐ ¿Qué hace cuando tiene dificultades para solucionar un problema?
☐ ¿Está dispuesta a mudarse por trabajo?
☐ ¿Está casada? ¿Tiene hijos?

d Escucha la entrevista y comprueba tus hipótesis. ¿En qué orden hace la jefa de personal las preguntas? ▶▶ 92

e Relaciona las respuestas de Teresa con las preguntas de la actividad anterior.

☐ Sí, fui a Inglaterra en 2006, después de mis estudios.
Allí hice un curso intensivo de inglés comercial.

☐ Esta es una empresa importante y además quiero ser parte
de un buen equipo de trabajo.

☐ Por razones familiares. Actualmente trabajo en Zaragoza,
pero quiero volver a Barcelona. Aquí nací y aquí vive mi familia.

☐ Soy una persona organizada y estoy acostumbrada a trabajar
de forma autónoma. Además, tengo experiencia como secretaria
en diferentes sectores.

☐ Sí, lo he hecho muchas veces. De 2008 a 2012 trabajé en
una asesoría fiscal, allí tuve la oportunidad de hacer
presentaciones para los clientes en inglés.

f Lee otra vez y subraya la información nueva. Luego, con ayuda del currículum reconstruid
en el pleno la trayectoria personal y profesional de Teresa.

Teresa nació en…

↗ 12–13

9 Hablar de experiencias

a Mira estas frases y fíjate en las expresiones temporales. Luego, completa la regla.

	perfecto	indefinido
• ¿Ha hecho un curso de inglés en el extranjero?	○ No, nunca lo he hecho.	○ Sí, hice uno en Inglaterra en 2006.
• ¿Sabe hablar en público?	○ Sí, lo he hecho muchas veces.	○ De 2008 a 2012 hice presentaciones en inglés.

perfecto / indefinido
_____ : sin decir
un momento concreto.
_____ : diciendo
un momento concreto.

Recuerda
el perfecto, p. 68

b En grupos. Formula tres preguntas a tus compañeros sobre estas experiencias.
Luego, un/-a voluntario/-a resume las informaciones para la clase.

– hacer un curso en el extranjero
– tener una entrevista de trabajo
– escribir tu currículum
– suspender un examen

– llegar tarde a clase o al trabajo
– mudarse
– hacer unas prácticas
– ganar un premio

¿Has hecho un curso de
idiomas en el extranjero?

No, no lo hecho nunca.

Sí, hice uno el verano pasado.
Estuve en Inglaterra.

10 Mi currículum vítae

En parejas. Escribe tu currículum siguiendo el modelo de 8a. Tu compañero/-a lo lee
y te hace preguntas.

↗ 14–16

Te toca a ti

11 La carta de presentación

Un hotel de 4 estrellas busca un/a recepcionista dinámico/-a y emprendedor/a con los siguientes requisitos. Escribe tu carta de presentación.

- diplomatura en Turismo
- experiencia de dos años
- nivel alto de inglés
- conocimientos de un tercer idioma

ASUNTO: solicitud puesto de recepcionista

_____ :

Me dirijo a ustedes por la oferta publicada en _____

_____

Como se ve en mi currículum, _____

_____

_____

_____

_____

TALLER DE ESCRITURA

> Si conoces el nombre del destinatario, escribes: *Estimado señor… / Estimada señora…*

> Si no conoces el nombre, escribes: *Muy señor/es mío/s, Estimado/s señor/es.*

> Menciona dónde has leído o encontrado la oferta.

> Presenta solo la formación y trayectoria profesional relevante para el puesto.

> Para despedirte puedes usar: *En espera de sus noticias, le/s saluda atentamente.*

12 La entrevista de trabajo

En parejas. Simulad una entrevista de trabajo. Cada uno/-a elige un papel y se prepara para representarlo siguiendo las indicaciones.

Entrevistador/a
Piensa en posibles preguntas para informarte sobre:

- sus estudios
- su experiencia en el sector
- sus conocimientos de idiomas
- sus razones para solicitar el puesto

Candidato/-a
Prepárate para responder a las preguntas sobre:

- tus estudios.
- tu experiencia en el sector
- tus conocimientos de idiomas
- las razones para solicitar el puesto

TALLER DE COMUNICACIÓN

> Como candidato/-a, responde con tranquilidad a las preguntas y mira a los ojos de tu entrevistador/a.

> Muestra interés y haz también algunas preguntas.

MI FICHA

ECUADOR

Capital Quito

Población 15,5 millones

Superficie 256.370 km²

PIB $84 mil millones

Moneda dólar estadounidense

Lengua oficial español

Temperatura máx. 23° agosto, mín. 8° julio

...n pie en el ...emisferio norte, ...o en el sur

Pululahua, único cráter de volcán habitado del mundo

 mayor **biodiversidad** por km²

los derechos de la naturaleza están en la Constitución

primer país de Latinoamérica que reconoce el **voto femenino** (1929)

 mayor exportador

// ECUADOR //

Un país en dos hemisferios

" Estamos en un buen momento y aquí se buscan muchos profesionales. Conviene saber algunas cosas sobre las entrevistas de trabajo. Por ejemplo, el aspecto del salario es tabú. Normalmente, no te preguntan qué esperas ganar. Y el candidato tampoco pregunta directamente cuál va a ser el salario. Es mejor esperar y escuchar la oferta de la empresa. "

María, correctora de textos, Quito

¿Y en tu país? ¿Es también tabú hablar del salario? ¿En qué situaciones?

ECUADOR
LATITUD: 0°-0'-0"
LONG. OCC. 78°-27'-8"

hablar de cualidades y habilidades profesionales

Soy		Estoy	Tengo	Sé
amable	comunicativo/-a	en buena forma	mucha experiencia	idiomas
flexible	organizado/-a	dispuesto/-a a viajar	nivel alto de inglés	trabajar en equipo
capaz de…	creativo/-a	acostumbrado/-a a…	conocimientos de…	convencer
trabajador/a	dinámico/-a	interesado/-a en aprender	orientación al cliente	usar programas de e-mail

dar datos biográficos

Nací en 1985 en Cádiz.
A los 10 años nos mudamos a Gijón.
Fui a la escuela de 1990 a 1998.
Hice un intercambio el año pasado.
Terminé el instituto en 2004.
Conocí a mi novio/-a en la universidad.
Hace un mes empecé a trabajar.
Ayer me casé.

hablar de experiencias en el pasado

- ● ¿Has hecho unas prácticas alguna vez?
- ○ No, nunca.
- ○ Sí, hice unas prácticas en SEAT hace dos años.
- ● ¿Has estado de vacaciones últimamente?
- ○ Sí, en diciembre estuve en Perú.
- ○ Sí, este mes he ido a la playa con mis amigos.
- ● ¿Cuándo hiciste una presentación por última vez?
- ○ La semana pasada.

hablar de la experiencia laboral

Estudié Secretariado Internacional.
Después de mis estudios estuve un año en…
Hace tres años me incorporé como secretaria en…
Encontré un puesto de… en…
De 2008 a 2012 trabajé para una asesoría fiscal.
Desde 2012 trabajo en una agencia.

escribir una carta de presentación

En relación con la oferta publicada en…
Les envío mi currículum con el objetivo de participar en el proceso de selección.
Quedo a su disposición para proporcionarles más detalles sobre mi C.V. en una entrevista.
En espera de sus noticias, les saluda atentamente.

Gramática

el indefinido > 9.4

	verbos en **-ar**	verbos en **-er/-ir**
yo	trabaj**é**	aprend**í**
tú	trabaj**aste**	aprend**iste**
él / ella / usted	trabaj**ó**	aprend**ió**
nosotros/-as	trabaj**amos**	aprend**imos**
vosotros/-as	trabaj**asteis**	aprend**isteis**
ellos/-as / ustedes	trabaj**aron**	aprend**ieron**

formas irregulares > 9.4.2

ser / ir	dar	ver
fui	di	vi
fuiste	diste	viste
fue	dio	vio
fuimos	dimos	vimos
fuisteis	disteis	visteis
fueron	dieron	vieron

OJO
haber > **hubo**

El indefinido se usa para hablar de acciones pasadas en un momento concreto y terminado del pasado.

verbos con irregularidad en la raíz > 9.4.2

	estar
yo	estuve
tú	estuviste
él / ella / usted	estuvo
nosotros/-as	estuvimos
vosotros/-as	estuvisteis
ellos/-as / ustedes	estuvieron

decir	conducir
dije	conduje
dijiste	condujiste
dijo	condujo
dijimos	condujimos
dijisteis	condujisteis
dij**eron**	conduj**eron**

otros verbos		
hacer	hic	-e
poder	pud	-iste
poner	pus	-o
querer	quis	-imos
tener	tuv	-isteis
venir	vin	-ieron

Para conservar la pronunciación, algunos verbos cambian la consonante de la raíz:
hice, hi**z**o…
bus**qu**é, buscó…
reali**c**é, realizó…

contraste indefinido / perfecto > 9.5

ayer	hoy
la semana pasada	esta semana
de 2000 a 2004	ya
en 2002	todavía no
hace 3 años	alguna vez
el 20 de abril	últimamente

Usamos el **indefinido** para hablar de experiencias en un momento concreto del pasado o en un tiempo que consideramos terminado (ayer, en 2002).
Usamos el **perfecto** cuando consideramos que el tiempo no está terminado (este mes) o no mencionamos un momento concreto (ya, todavía no).

Comprender mejor

a Vas a leer un artículo sobre Bimbo, una de las empresas más importantes del mundo hispanohablante. Mira las fotos. ¿A qué sector pertenece?

En 2011, la compañía mexicana Grupo Bimbo compra Bimbo España, la empresa que consiguió hacer famoso un producto desconocido: el pan de molde. No es una coincidencia: la compañía Bimbo que hoy conocemos tiene sus orígenes en México y comenzó sus actividades en el país latinoamericano pocos meses después de terminar la Segunda Guerra mundial.

Veintiún años más tarde, uno de sus fundadores decidió crear la misma empresa en España con idénticos símbolos y filosofía. Bimbo inició su actividad en España cuando salió al mercado su primer pan de molde en su fábrica de Granollers (Barcelona).

En 1978, los empresarios mexicanos que en su día fundaron Bimbo vendieron todas sus acciones y las dos compañías, la mexicana y la española, siguieron caminos independientes.

En la actualidad, el Grupo Bimbo es uno de los gigantes mundiales de la panificación, con 102 plantas y más de 1000 centros de distribución en 17 países de América, Asia y Europa.

> Todavía mucha gente llama "pan bimbo" al pan de molde.

b Lee otra vez y ordena los datos cronológicamente.

1946: _____

1967: _____

1978: _____

2011: _____

> lectura: ordenar la información, p. 119

c Un compañero te ha pedido información sobre Bimbo. Marca en el texto los aspectos más importantes y escribe con ellos un pequeño perfil de la empresa.

> mediación, p. 119

d Escucha y marca qué frase resume mejor esta noticia sobre una empresa familiar. ▶▶ 93

1. El grupo Mavisa compra 50 nuevos supermercados en Valencia.
2. Con la compra de 50 supermercados, Mavisa tiene ya más de 3000 empleados.

> audición: comprender el tema, p. 119

> instrucciones, p. 120

Juego profesional

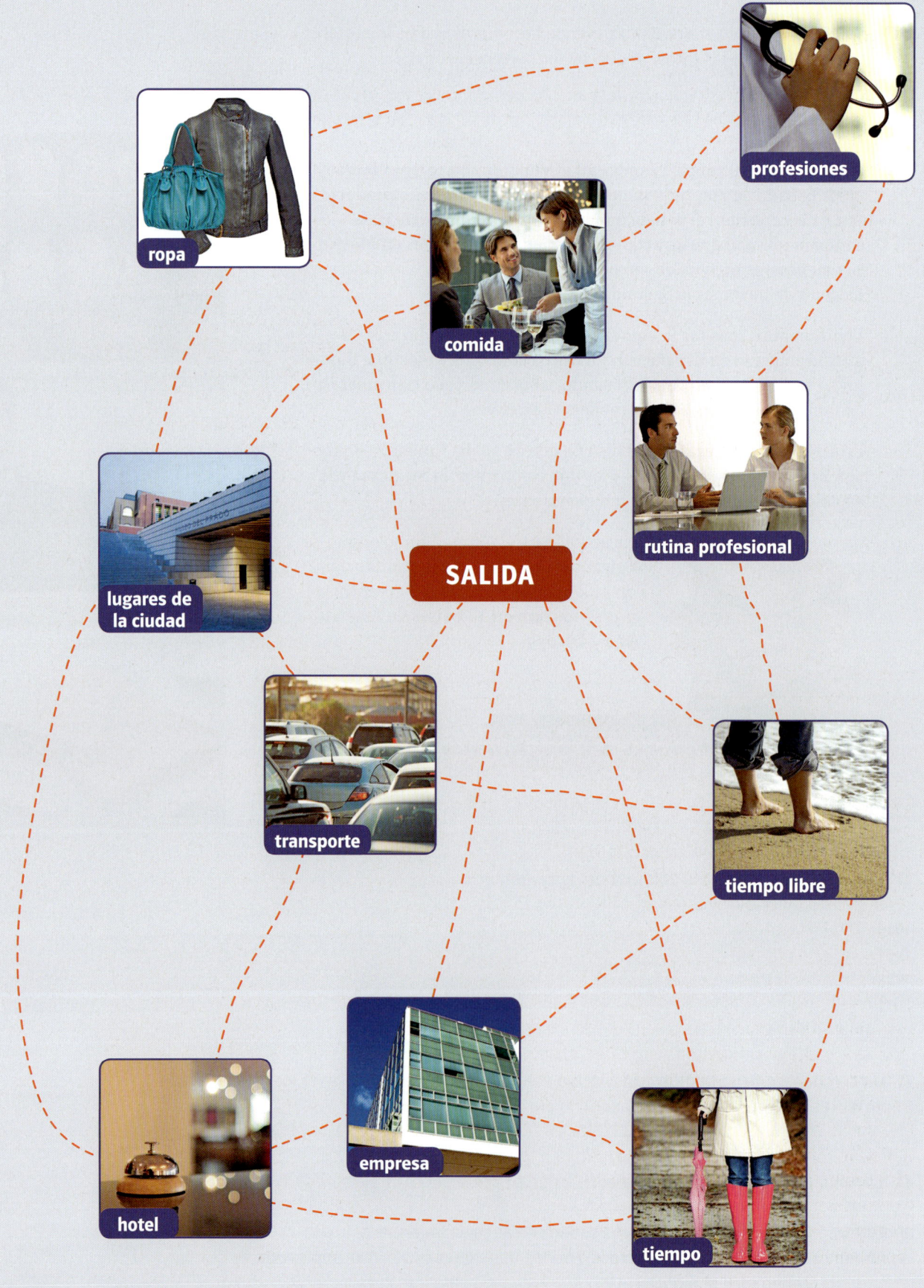

ropa

comida

profesiones

rutina profesional

lugares de la ciudad

SALIDA

transporte

tiempo libre

hotel

empresa

tiempo

Estrategias

ETAPA 1

Lectura: activar conocimientos previos
Cuando lees un texto en una lengua extranjera, sabes ya mucho más de lo que crees y puedes hacer hipótesis sobre su contenido.

Audición: activar esquemas
Una técnica para poder entender mejor es activar todos los conocimientos que ya tienes. En este caso, seguro que conoces el "guion" de estas situaciones (temas, preguntas, expresiones…).

ETAPA 2

Lectura selectiva
Muchas veces no necesitas entender todo. En esta actividad, p. ej. puedes hacer una lectura rápida para localizar la información que se pide.

Audición selectiva
Pocas veces tienes que entender todas las palabras. En este caso, una estrategia es fijarse en la información conocida e intentar reconocerla al escuchar.

ETAPA 3

Lectura: el contexto
En muchas ocasiones las imágenes que ilustran el texto, la maqueta o el tipo de texto te dan mucha información y te permiten hacer hipótesis sobre el contenido.

Audición detallada
Incluso en tu propio idioma, entender una descripción del camino no es fácil. Crear una imagen mental del camino mientras escuchas puede ayudarte.

ETAPA 4

Lectura: visualización
Usar una imagen te ayuda a comprender mejor la información. En esta actividad, el diagrama te ayuda a ver la dimensión de las cantidades y la relación entre ellas.

Audición: formular preguntas
Para comprender el tema de una conversación o entrevista, te ayuda concentrarte en estas preguntas. Con ellas puedes después resumir el contenido.

ETAPA 5

Lectura: ordenar la información
Para leer textos históricos o biográficos, es útil ordenar los datos que contiene. En este caso, ordenando los hechos cronológicamente se entiende mejor la historia de la empresa.

Audición: comprender el tema
Lee las frases con atención y fíjate en la información clave al escuchar.

MEDIACIÓN LINGÜÍSTICA
En este tipo de actividades tienes que actuar de intermediario entre personas que no pueden comprenderse. Dependiendo de la situación, la mediación puede consistir en hacer un resumen, sintetizar el contenido de un texto o traducirlo literalmente. En este libro vas a practicar sobre todo las dos primeras actividades.

Instrucciones de los juegos

ETAPA 1
En grupos de 3 / 3 fichas / 1 dado
(o moneda) / 6 tarjetas por jugador
1. Cada uno escribe 1 verbo en infinitivo en cada tarjeta.
2. Se juntan todas las tarjetas y se ponen en la mesa boca abajo al lado del tablero.
3. Se ponen las fichas en SALIDA. Se descubre una tarjeta de verbo, se tira el dado y se conjuga el verbo según el pronombre de la casilla. En las casillas ♻ se conjuga todo el verbo. Si se hace bien, se avanza dos casillas. Si no, se retrocede dos.

ETAPA 2
En grupos de 4 / 4 fichas / 1 dado (o moneda)
1. Se ponen las fichas en SALIDA.
2. Se tira el dado. Según la puntuación, si se cae en una casilla con foto, hay que mencionar algo que gusta mucho y algo que no según el modelo: "Me gustan los tomates, pero no me gusta la lechuga." *(casilla verduras)*
   En las casillas con pictogramas, hay que decir qué se prefiere: "Prefiero escribir un correo." *(casilla arroba / teléfono)*: Las huellas permiten acortar camino entre las casillas.
3. Gana quien llega antes al final pasando por todas las estaciones.

ETAPA 3
En parejas
1. Cada persona tiene un campo para sus barcos, otro campo para los del compañero. Antes de empezar, cada uno coloca en su campo 4 barcos (= lugares) en horizontal o vertical.
2. Un jugador pregunta a su compañero primero por un lugar en su campo. Si ha adivinado el lugar, pregunta por las coordenadas donde está (A1). Se dice "tocado" cuando se ha acertado una casilla; "hundido" cuando se han acertado todas las casillas.

3. Si no ha adivinado el lugar, el compañero dice "agua" y le toca el turno a él. Gana quien hunda antes todos los barcos del compañero.

ETAPA 4
En parejas / 8 fichas (4 del mismo color por jugador) / 1 dado
1. Las casillas de los verbos en cada extremo del tablero sirven de "salida" para cada jugador.
2. Cada uno tira el dado y avanza con una de sus fichas el número indicado. Las fichas se mueven siempre en la misma fila vertical. En cada casilla se formula una frase usando los pronombres correspondientes a los objetos que están al margen: "Las llevo cuando hace frío / para el trabajo / en invierno…" *(casilla "llevar" / fila "botas")*
3. Si la frase es correcta, se queda en la casilla y le toca al compañero. Si no, se vuelve a la próxima casilla vacía.
4. Si alguien llega a una casilla ya ocupada por la ficha del adversario, puede mandarla otra vez a la salida si consigue decir la frase correcta.
5. Gana quien pase antes todas sus fichas al otro lado del tablero.

ETAPA 5
2 grupos / 2 fichas / 1 dado (moneda)
1. Cada grupo coloca su ficha en la casilla de SALIDA. Según la puntuación del dado, se avanza en la dirección elegida.
2. En cada casilla cada grupo tiene que decir en un minuto el mayor número de palabras (sustantivos, adjetivos, verbos o frases completas). Por cada palabra correcta se recibe un punto, por cada frase 4 puntos.
3. El juego termina cuando los dos grupos han contestado cuatro temas. El profesor cuenta los puntos y decide en caso de duda. Gana el grupo con más puntos.

Gramática

1 // Pronunciación, acentuación y ortografía

1.1 El alfabeto

A, a	a	J, j	jota	R, r	erre	M	eme mayúscula
B, b	be	K, k	ka	S, s	ese	m	eme minúscula
C, c	ce	L, l	ele	T, t	te		
D, d	de	M, m	eme	U, u	u	é	e con acento
E, e	e	N, n	ene	V, v	uve	ü	u con diéresis
F, f	efe	Ñ, ñ	eñe	W, w	uve doble		
G, g	ge	O, o	o	X, x	equis	En algunos países de Latinoamérica:	
H, h	hache	P, p	pe	Y, y	ye / i griega	b	be larga
I, i	i	Q, q	cu	Z, z	zeta	v	be corta

> El alfabeto español tiene 27 letras.

> La **ch** y la **ll** representan un solo sonido y no se consideran letras independientes.
> En el diccionario se encuentran alfabetizadas en el lugar que les corresponde bajo **c** y **l**.

> La letra **y** puede llamarse *ye* o *i griega*.

1.2 La pronunciación

letra		pronunciación		ejemplo
c	delante de **e**, **i**	[θ] [s]	como en inglés *thing*; en Latinoamérica [s]	**C**inco
	delante de **a**, **o**, **u** y consonante	[k]	como en inglés *car*	**C**armen
ch		[tʃ]	como en inglés *cherry*	**Ch**ile
g	delante de **e**, **i**	[x]	como **ch** en alemán *Bach*	Ar**g**entina
	delante de **a**, **o**, **u** y consonante	[g]	como en inglés *good*	**G**arcía
h		[-]	no se pronuncia	**H**onduras
j		[x]	como **ch** en alemán *Bach*	**J**uana
ll		[j]	como **y** en inglés *you*	Pae**ll**a
ñ		[ɲ]	como **gn** in *Cognac*	Espa**ñ**a
qu		[k]	como en inglés *car*, la **u** no se pronuncia	**Qu**eso
r		[ʀ]	fuerte: **r** a principio de palabra y **rr**	**R**enfe, co**rr**eo
		[r]	suave: **r** entre vocales	Pe**r**ú
v		[b]	**b** y **v** se pronuncian igual, como en inglés *blue*	**V**alencia
y		[j]	como en inglés *you*	Pla**y**a
z		[θ] [s]	como en inglés *thing*; en Latinoamérica [s]	**Z**ara

> En algunas regiones de España y en el resto de países hispanohablantes, la **c** delante de **e** / **i** y la **z** se pronuncian como una **s** [s].

> En las combinaciones **gue** y **gui** no se pronuncia la **u**: Mi**gue**l, **gui**tarra.
> **OJO** En las combinaciones **güe**, **güi**, la **u** se pronuncia: nicara**güe**nse.

> Solo hay cinco sonidos vocálicos (**a**, **e**, **i**, **o**, **u**). La pronunciación de las vocales es en general breve.

1.3 La acentuación

> En español, todas las palabras tienen una sílaba fuerte. Para saber cuál es, existen las siguientes reglas:

1. Las palabras que terminan en **vocal**, **-n** o **-s** se acentúan en la penúltima sílaba:
   cultura, turismo, resumen, tapas. La mayoría de las palabras en español se acentúan así.
2. Las palabras que terminan en **consonante** (excepto **-n** y **-s**) se acentúan en la última sílaba:
   hotel, profesor, ciudad.
3. Todas las palabras que no siguen esta regla llevan un acento gráfico (´) en la sílaba que se acentúa:
   Perú, holandés, fútbol, música.

> Los interrogativos y exclamativos llevan siempre acento gráfico:
  ¿Qué? ¿Cómo? ¿Quién? ¿Dónde? ¿Cuánto? ¡Qué! ¡Cómo! ¡Cuánto!

> El acento ortográfico distingue palabras que se escriben igual, pero tienen significados diferentes:

el	*artículo*	él	*pronombre*
mi	*posesivo*	mí	*pronombre*
se	*pronombre*	sé	*presente del verbo "saber"*
si	*conjunción*	sí	*adverbio*
te	*pronombre*	té	*sustantivo (bebida)*
tu	*posesivo*	tú	*pronombre*

> Cuando las vocales **i** y **u** se combinan entre ellas o con otra vocal, forman parte de la misma sílaba:
  I-ta-lia, bue-no, ciu-dad. Estas combinaciones se llaman **diptongos**.
  Si la **i** o la **u** llevan acento gráfico, las vocales pertenecen a sílabas distintas: dí-a, pa-ís, frí-o, Ra-úl.

> La combinación de las vocales **a**, **e** y **o** se pronuncia en dos sílabas: pa-e-lla, mu-se-o.

1.4 La ortografía

> Los sustantivos en español se escriben con minúscula. Con letra mayúscula se escriben los nombres propios
  de personas, países, ciudades, marcs, ríos, carreras, etc. y las palabras a principio de una frase:
  Mi tía **E**lvira vive en **S**antiago de **C**uba.
  Pasamos las vacaciones en las islas **C**anarias.
  Estudio **T**urismo en la universidad.

> Los signos de interrogación y de exclamación se escriben al principio y al final de la frase: ¿Cómo te llamas?
  ¿Qué tal? ¡Qué interesante!

> En algunos casos se cambia la ortografía de una palabra para mantener la pronunciación:
  una ve**z** > dos ve**c**es, se**gu**ir > yo si**g**o, pa**g**ar > yo pa**gu**é, ele**g**ir > yo eli**j**o, bus**c**ar > yo bus**qu**é.

> En español solo hay cuatro consonantes dobles: **c**, **r**, **l** y **n**: dire**cc**ión, a**rr**oba, ape**ll**ido, i**nn**ovación.
  OJO Las combinaciones **cc** y **nn** se pronuncian como dos sonidos en dos sílabas diferentes.

> La conjunción **y** se convierte en **e** delante de palabras que empiezan con **i-** o **hi-**: Hablo español **e** inglés.

> La conjunción **o** se convierte en **u** delante de palabras que empiezan con **o-** u **ho-**: Esta **u** otra persona.

2 // El sustantivo

2.1 El género de los sustantivos

> Las palabras en español son masculinas o femeninas según el género.

masculino	femenino
el catálogo	la empresa
el museo	la paella
el arte	la noche
el hotel	la red

> Normalmente, los sustantivos masculinos terminan en **-o** y los sustantivos femeninos, en **-a**.

> Los sustantivos que terminan en **-e** o en **consonante** pueden ser masculinos o femeninos.

> Hay excepciones: el d**í**a, el problem**a**, el program**a**, el sistem**a**, el tem**a**; la fot**o**, la mot**o**, la radi**o**.

> Los sustantivos en **-dad** o **-ión** son femeninos: la universi**dad**, la informac**ión**, la profes**ión**.

> La mayoría de las profesiones tiene una forma masculina y una forma femenina. Normalmente terminan en **-o/-a**: el emplead**o** / la emplead**a**, el cociner**o** / la cociner**a**.

> Los sustantivos de profesión que terminan en **-ía**, **-ista**, **-e** o **consonante** tienen una sola forma que sirve para los dos géneros: el / la polic**ía**, el / la deport**ista**, el / la cantant**e**, el / la auxili**ar**, el / la comerci**al**.
> **OJO** el jef**e** / la jef**a**, el president**e** / la president**a**.

> Las profesiones que teminan en **-or** forman el femenino en **-ora**: el profes**or** / la profes**ora**.
> **OJO** el actor / la actriz.

> Los números y los días son masculinos: **el** ocho, **el** lunes.

> Las letras son femeninas: **la** ñ.

2.2 El plural de los sustantivos

	vocal + s		consonante + es	
	masculino	femenino	masculino	femenino
singular	el catálog**o**	la empres**a**	el hotel	la red
plural	los catálog**os**	las empres**as**	los hotel**es**	las red**es**

> Las palabras que terminan en **vocal** forman el plural añadiendo una **-s**.

> Las palabras que terminan en **consonante** forman el plural añadiendo **-es**.

> Las palabras que terminan en **-z** se escriben en plural con **c**: una ve**z** > dos ve**c**es.

> Las palabras que terminan en **-s** y se acentúan en la última sílaba añaden **-es** en plural:
> el autobús > los autobus**es**.
> **OJO** Si la última sílaba no se acentúa, el plural no cambia: el lunes > los lunes.

> Las palabras que terminan en consonante y tienen un acento gráfico en la última sílaba pierden el acento en el plural: la informac**ió**n > las informac**io**nes, el autob**ú**s > los autob**u**ses.

> Algunas palabras suelen usarse solo en singular o en plural: la gente, las vacaciones, las gafas.

2.3 Los sustantivos en función de sujeto o de complemento

sujeto	**Ana** estudia Turismo. **Valor** es una empresa española.	¿Quién? ¿Qué?
complemento de objeto directo	Conozco **la ciudad**. ¿Conoces **a mi compañero**?	¿Qué? ¿A quién?
complemento de objeto indirecto	Escribo un correo **a un amigo** / **a una empresa**.	¿A quién?

> El complemento de objeto directo lleva la preposición **a** cuando se trata de personas:
> No conozco **a** tu hermano. / No conozco esta ciudad.

> En general no se usa la preposición **a** después de **tener**: Tengo ~~a~~ una hermana.

> Después de **buscar** se usa la preposición **a** cuando se trata de una persona concreta: Busco **a** Lucas.
> **OJO** Busco personas para practicar español.

> El complemento de objeto indirecto en español siempre lleva la preposición **a**:
> He enviado los documentos **a** Andrés / **a** la empresa Sogama.

3 // El artículo

3.1 El artículo determinado

> El artículo determinado concuerda en género y número con el sustantivo al que acompaña:

	masculino	femenino
singular	**el** catálogo	**la** empresa
plural	**los** catálogos	**las** empresas

> Las palabras femeninas que empiezan por la vocal **a-** o **ha-** acentuada llevan en singular el artículo **el**,
> pero siguen siendo palabras femeninas: **el** agua fría / **la** amiga.

> En español se contrae el artículo **el** con la preposición **a** y la preposición **de**:
> a + el = **al**   En Barcelona se puede ir **al** estadio del FC Barcelona o **a la** playa.
> de + el = **del**   Soy responsable **del** contacto con los clientes y **de la** página web.

> El artículo determinado se usa en los siguientes casos:

- cuando hablamos de algo que ya conocemos: **La** empresa está en Novelda.
- cuando nos referimos a toda una clase de objetos: ¿Te gusta **el** café? / **Los** idiomas son importantes.
- delante de *señor/a* cuando se habla de una persona o se presenta a esta persona: Este es **el** señor Vega.
  OJO Si nos dirigimos a alguien, no usamos el artículo delante de *señor/a*: Buenos días, señora Paz.
- para decir la hora: Es **la** una. Como a **las** dos.
- con algunos marcadores temporales: Hice un curso **el** año pasado. Mi cumpleaños es **el** 20 de abril.
- con los días de la semana: ¿Quedamos **el** lunes? **Los** lunes tengo clase.
  OJO Con los nombres de los meses no se usa el artículo: Nací en abril.
- con deportes y juegos: jugar **al** tenis, tocar **la** guitarra.

3.2 El artículo indeterminado

	maculino	femenino
singular	**un** catálogo	**una** empresa
plural	**unos** catálogos	**unas** empresas

> El artículo indeterminado en plural indica una cantidad indeterminada y significa *algunos/-as, aproximadamente*:
> Tengo que escribir **unos** informes. Necesito **unas** fotos para el catálogo.
> La estación está a **unos** 200 metros. Tiene que esperar **unas** dos horas.

> El artículo indeterminado no se usa delante de **medio** y **otro**:
> Bebo **medio** litro de leche.
> Podemos ofrecerle **otra** habitación.

> No se usa el artículo indeterminado con el verbo **tener** cuando no se quiere precisar el objeto directo:
> ¿Tienes móvil?
> Yo no tengo coche, por eso voy a pie al trabajo.

> No se usa el artículo indeterminado después del verbo **ser** cuando se habla de la profesión en general:
> Soy médico.

4 // El adjetivo

4.1 La formación del adjetivo

> El adjetivo en español concuerda siempre en género y número con el sustantivo al que se refiere:
> Carmen es muy guap**a**. Mis hermanas son personas alegr**es**.
> Mi padre es moren**o** y gordit**o**. Juan y Elena son unos cocineros excelent**es**.

	masculino		femenino	
singular	un hombre	moren**o** amabl**e** joven	una persona	moren**a** amabl**e** joven
plural	hombres	moren**os** amabl**es** jóven**es**	personas	moren**as** amabl**es** jóven**es**

> Los adjetivos que terminan en **-o** forman el femenino en **-a**.

> Los adjetivos en **-e**, **-ista** o **consonante** son iguales para ambos géneros.

> Los adjetivos que terminan en **-or** forman el femenino en **-ora**: trabajad**or** / trabajad**ora**, conservad**or** / conservad**ora**.

> El plural de los adjetivos se forma como el plural de los sustantivos: cuando terminan en **vocal**, se añade una **-s**; cuando terminan en **consonante**, se añade **-es**.

> Si un adjetivo se refiere a varios sustantivos de distinto género, se usa la forma masculina plural:
> Carmen y Juan son muy simpátic**os**.

4.2 Los adjetivos de color

	masculino	femenino
singular	blanco verde azul marrón	blanca verde azul marrón
plural	blancos verdes azules marrones	blancas verdes azules marrones

> Los adjetivos de color concuerdan en género y número con el sustantivo al que acompañan.

> Los adjetivos de color que son originariamente nombres de plantas o frutas como **rosa** o **naranja** son invariables en cuanto al género, pero pueden tener plural: los pantalones rosa(s).

4.3 Los adjetivos de nacionalidad

> Para indicar la nacionalidad se usa el adjetivo:
> Messi no es **español**.
> Esta es una empresa **española**.

Tenemos muchos clientes **españoles**.
He trabajado en varias empresas **españolas**.

	masculino	femenino
singular	peruano español alemán holandés	peruana española alemana holandesa
plural	peruanos españoles alemanes holandeses	peruanas españolas alemanas holandesas

> Los adjetivos de nacionalidad forman el femenino en **-a**. Los adjetivos que terminan en **consonante** y llevan acento gráfico en la última sílaba pierden el acento en la forma femenina y en el plural: holand**és** / holand**esa** / holand**eses**.

> Los adjetivos de nacionalidad que terminan en **-ense** o **-í** tienen una sola forma para el masculino y para el femenino: estadounid**ense**, nicaragü**ense**, marroqu**í**. Lo mismo sucede con **belga**.

4.4 La posición del adjetivo

> En español, los adjetivos se colocan normalmente detrás del sustantivo, especialmente los que se refieren a forma, tamaño, nacionalidad o color. Estos adjetivos se usan para caracterizar y diferenciar el sustantivo: una persona **famosa**, un hombre **gordito**, un coche **blanco**, una cantante **colombiana**.

> Los adjetivos se usan también delante del sustantivo, bien para destacar una cualidad del sustantivo, bien para expresar una valoración subjetiva:
> La **famosa** empresa de moda exporta a toda Europa.

> OJO Mucho, **poco**, **bastante**, **otro** se usan siempre delante del sustantivo:
> En esta ciudad hay **poca** gente, pero **mucho** tráfico.

4.5 Las formas reducidas de algunos adjetivos

> **Bueno**, **malo**, **primero**, **tercero** y **alguno** pierden la **-o** delante de un sustantivo singular:
> Estamos en un **buen** hotel. Es un **mal** momento. Es mi **primer** día de trabajo. ¿**Algún** problema?

> **Grande** se convierte en **gran** cuando se usa delante de un sustantivo:
> Shakira es una **gran** cantante. / Vive en una casa **grande**.

5 // La comparación

5.1 El comparativo de superioridad y de inferioridad

> **más / menos** + adjetivo / sustantivo + **que**:
> Luis es **más** joven **que** Carlos.
> Juan tiene **menos** dinero **que** Valentina.

> verbo + **más / menos** + **que**:
> Carlos trabaja **más que** Valentina.
> Valentina gana **menos que** Carlos.

> **OJO** Con números y cantidades se usa **más / menos de**:
> Carlos gana **más de** 2000 euros al mes.

5.2 El comparativo de igualdad

> **tan** + adjetivo / adverbio + **como**:
> Luis es **tan** joven **como** Valentina.

> **tanto/-a/-os/-as** + sustantivo + **como**:
> Tengo **tanto** dinero **como** tú.

> verbo + **tanto** + **como**:
> Carlos trabaja **tanto como** Luis.

> **OJO Tan** se puede usar sin la comparación en las exclamaciones:
> ¡Qué familia **tan** simpática!

5.3 Comparativos irregulares

> Algunos adjetivos tienen formas irregulares para expresar la comparación:
> bueno/-a > **mejor**
> malo/-a > **peor**
> grande > **mayor**, pero también se usa **más grande**.
> pequeño/-a > **menor**, pero también se usa **más pequeño/-a**.

> **Mayor** y **menor** se usan para hablar de la edad y para comparaciones abstractas. Se usa **más grande / más pequeño/-a** para comparaciones materiales (dimensión, tamaño, volumen):
> Mi hermano Alfredo es **menor** que yo.   Este bolso es **más pequeño** que ese.
> El número de empleados es **mayor** que antes.   Brasil es **más grande** que Uruguay.

5.4 El superlativo

> **el / la / los / las** + **más / menos** + adjetivo:
> Jan es **el más** deportista de la clase.
> **La menos** deportista es Edith.

> **OJO** Es **el mayor / el menor** de los hermanos. Es **el mejor** equipo de España.

6 // Pronombres y determinantes

6.1 Los pronombres personales de sujeto

> Los pronombres personales que funcionan como sujeto de una frase y que concuerdan con el verbo son:

> En español no es necesario usar el pronombre de sujeto. Se usa para resaltar a la persona en oposición a otra o si no está claro de quién se habla: **Yo** soy de Madrid, pero **ella** es de Alicante.

singular	1ª persona:	**yo**
	2ª persona:	**tú**
	3ª persona:	**él / ella / usted**
plural	1ª persona:	**nosotros / nosotras**
	2ª persona:	**vosotros / vosotras**
	3ª persona:	**ellos / ellas / ustedes**

> En plural existe una forma para el masculino y una forma para el femenino:
> Daniel y Jorge: "**Nosotros** somos de México."
> Ana y María: "**Nosotras** somos de España."

> Para hacer referencia a ambos géneros, se usa la forma masculina:
> Jorge y Ana: "**Nosotros** hablamos español."

6.1.1 Las formas de tratamiento

> Para el trato formal se usa **usted** cuando nos dirigimos a una persona y **ustedes**, cuando nos dirigimos a más de una persona. **Usted** y **ustedes** se usan siempre con formas verbales de 3ª persona:

	una persona	varias personas
informal	tú: ¿**Eres** de Cataluña?	vosotros: ¿**Sois** estudiantes?
formal	usted: ¿**Es** usted de Bilbao?	ustedes: ¿**Son** ustedes de aquí?

> En algunos países de Latinoamérica se usa la forma **ustedes** en lugar de **vosotros / vosotras**.

> En algunos países de Latinoamérica se usa la forma **vos** en lugar de **tú**.

6.2 Los pronombres personales de complemento

6.2.1 Los pronombres de objeto directo

yo	**me**
tú	**te**
él / ella / usted	**lo / la**
nosotros/-as	**nos**
vosotros/-as	**os**
ellos/-as / ustedes	**los / las**

> Estos pronombres sustituyen al sustantivo que hace la función de complemento de objeto directo de la frase:
> ¿Dónde está **Luis**? – No **lo** veo.
> Quiero **una sopa**. – Aquí **la** tiene.

> **Lo** tambien puede usarse para sustituir toda una frase:
> ¿Cuánto cuestan las fotos? – No **lo** sé.

6.2.2 Los pronombres de objeto indirecto

yo	**me**
tú	**te**
él / ella / usted	**le**
nosotros/-as	**nos**
vosotros/-as	**os**
ellos/-as / ustedes	**les**

> Estos pronombres sustituyen al sustantivo que hace la función de complemento de objeto indirecto de la frase:
> ¿Ya has escrito **al jefe**? – No, **le** escribo hoy.
> ¿**Me** puede decir dónde está la estación?
> ¿**Te** gustan las ciudades pequeñas?

6.2.3 La posición de los pronombres

> Los pronombres de complemento se usan generalmente delante de la forma conjugada del verbo:
> **Te** escribo un correo. Mañana **lo** hago.

> Lo mismo sucede con los reflexivos: Juan **se** ha levantado tarde.

> En construcciones con gerundio o con infinitivo, estos pronombres pueden ir también detrás
> del gerundio o infinitivo. En este caso forman una sola palabra:
> **Te** estamos buscando. / Estamos buscándo**te**.
> **Me** quiero duchar. / Quiero duchar**me**.

> En las frases negativas, la negación **no** se coloca delante de los pronombres:
> No **nos** gustan los museos. No **te** he visto.

6.2.4 Los pronombres con preposición (pronombres tónicos)

	mí
	ti
a	**él / ella / usted**
para	**nosotros/-as**
	vosotros/-as
	ellos / ellas / ustedes

> Cuando los pronombres de complemento aparecen después de una preposición, se usan las formas de los pronombres personales de sujeto.

> En la primera y segunda persona del singular se usan las formas **mí** y **ti**:
> Para **mí** es importante tener Internet. ¿Y para **ti**?

6.2.5 La duplicación de los pronombres

> En español es normal que aparezca en la misma frase un pronombre y el complemento al que hace referencia:
> **A mi padre le** gustan los museos.

> Si el complemento aparece antes del verbo, tiene que repetirse en forma de pronombre:
> **A mi madre le** encanta la playa.

> Cuando el complemento indirecto aparece después del verbo, casi siempre se duplica en forma de pronombre delante del verbo:
> ¿Qué **les** gusta **a tus padres**?

> Para aclarar o resaltar de qué o de quién se habla, puede usarse, además de un pronombre átono (**me**, **te**, **le**,…), un pronombre tónico con preposición (**a mí**, **a ti**, **a él**,…):
> • **Me** gusta salir con amigos.
> ○ Pues **a mí** no **me** gusta.
> **OJO** El pronombre tónico no puede sustituir al pronombre átono en una frase:
> ~~**A mí** gusta salir con amigos.~~

> Si en la frase no hay verbo, los pronombres tónicos pueden aparecer solos:
> ¿Te gusta salir? **A mí** no.

6.3 Los reflexivos (v. 9.1.3 Los verbos reflexivos)

6.4 Los posesivos

> Los posesivos concuerdan en género y número con el sustantivo al que se refieren (la cosa poseída); no concuerdan con el poseedor. No existe distinción de género excepto en la 1ª y 2ª persona plural.

> **Su** y **sus** pueden tener distintos significados según la persona a la que se refieran:
> Luis, **su** tío y **su** tía *(el tío y la tía de Luis)*
> Eva, **su** tío y **su** tía *(el tío y la tía de Eva)*
> Los padres y **sus** hijos *(los hijos de los padres)*

singular		plural	
masculino	femenino	masculino	femenino
mi hijo / hija		**mis** hijos / hijas	
tu hijo / hija		**tus** hijos / hijas	
su hijo / hija		**sus** hijos / hijas	
nuestro hijo / **nuestra** hija		**nuestros** hijos / **nuestras** hijas	
vuestro hijo / **vuestra** hija		**vuestros** hijos / **vuestras** hijas	
su hijo / hija		**sus** hijos / hijas	

6.5 Los demostrativos

> Los demostrativos concuerdan en género y número con el sustantivo al que se refieren. Pueden funcionar como determinantes delante de un sustantivo o como pronombres sustituyendo al sustantivo al que se refieren.

> Los demostrativos **este**, **ese** o **aquel** sirven para hacer referencia a personas y objetos según la distancia física o temporal con respecto al hablante:

	cerca de la persona que habla > **aquí**		cerca de la persona que escucha > **ahí**		lejos del hablante y del oyente > **allí**	
	masculino	femenino	masculino	femenino	masculino	femenino
singular	**este** bolso	**esta** falda	**ese** bolso	**esa** falda	**aquel** bolso	**aquella** falda
plural	**estos** bolsos	**estas** faldas	**esos** bolsos	**esas** faldas	**aquellos** bolsos	**aquellas** faldas

> **Este/-a/-os/-as** hace referencia a cosas que están al alcance de la persona que habla o cercanas en el tiempo:
> **Este** es el nuevo catálogo.　　　　　　**Esta** semana he trabajado mucho.
> **Estos** son mis nuevos compañeros.　　　¿Tienes planes para **estas** vacaciones?

> **Ese/-a/-os/-as** hace referencia a cosas que están cerca en el espacio o en el tiempo de la persona que escucha:
> Justo **ese** día no puedo.　　　　　　　**Esa** es mi jefa.
> **Esos** pantalones son muy elegantes.　　Tenemos que leer **esas** cartas de reclamación.

> **Aquel /aquella/-os/-as** se usa para hablar de cosas que están distantes, física o temporalmente, tanto del hablante como del oyente:
> **Aquel** año volvió a los Estados Unidos.　　Esta falda no me gusta, prefiero **aquella**.
> Recuerdo muy bien **aquellos** años.　　　　Trabajamos en **aquellas** oficinas de allí.

> **Esto**, **eso**, **aquello** se refieren a algo que no podemos o que no es necesario nombrar:
> **Esto** no me gusta. ¿Qué es **eso**?

6.6 Los indefinidos

6.6.1 Los indefinidos invariables

> Los indefinidos invariables solo tienen una forma en singular:

algo	En la sala de reuniones **algo** no funciona.
nada	No podemos oír **nada**.
todo	Me gusta **todo**.
alguien	Tienes que presentar a **alguien**.
nadie	Aquí no conozco a **nadie**.
cada	**Cada** día Juan va a trabajar.

> **Algo**, **nada**, **alguien** y **nadie** funcionan como sustantivos. **Algo** y **nada** hacen referencia a cosas; **alguien** y **nadie**, a personas.

> **Cada** funciona como adjetivo delante de un sustantivo singular y se refiere a cosas o a personas.

> **Nada** o **nadie** pueden ir delante o detrás del verbo. Cuando van detrás, se usa **no** delante del verbo: **No** compro **nada**. **No** conozco a **nadie**. / **Nadie** trabaja en pijama.

6.6.2 Los indefinidos variables

> La mayoría de los indefinidos tienen formas distintas para el masculino, femenino, singular y plural:

alguno/-a/-os/-as	¿Tiene **alguna** pregunta?
	Le puedo enviar **algunas** ofertas.
poco/-a/-os/-as	Hay **pocos** aparcamientos en el centro.
mucho/-a/-os/-as	Hay **muchos** parques y zonas verdes.
todo el / toda la	**Toda la** familia trabaja en la empresa.
todos los / todas las	**Todos los** habitantes usan el metro.
cada uno / cada una	**Cada uno/-a** tiene sus preferencias.

> Estos indefinidos funcionan como determinantes o pronombres y concuerdan con el sustantivo al que se refieren: ¿Cuántos empleados trabajan desde casa? – **Pocos**.

> **Alguno** se convierte en **algún** delante de un sustantivo masculino: ¿Tiene **algún** problema?

6.7 Los interrogativos y exclamativos (v. 13.3 La frase interrogativa y 13.4 La frase exclamativa)

6.8 Los relativos (v. 13.5 La frase relativa)

7 // Los numerales

7.1 Los cardinales

0	cero	11	once	30	treinta	500	**quin**ientos
1	uno	12	doce	40	cuarenta	600	seiscientos
2	dos	13	trece	50	cincuenta	700	s**e**tecientos
3	tres	14	catorce	60	s**e**senta	800	ochocientos
4	cuatro	15	**quin**ce	70	s**e**tenta	900	n**o**vecientos
5	cinco	16	dieciséis	80	ochenta	1000	mil
6	seis	17	diecisiete	90	n**o**venta	1100	mil cien
7	siete	18	dieciocho	100	cien	2000	dos mil
8	ocho	19	diecinueve	200	doscientos	100.000	cien mil
9	nueve	20	veinte	300	trescientos	200.000	doscientos mil
10	diez	21	veintiuno	400	cuatrocientos	1.000.000	un millón

21, 22, 23...	veint**i**uno, veint**i**dós, veint**i**trés...
31, 32, 33...	treinta **y** uno, treinta **y** dos, treinta **y** tres...
101, 102, 103...	cien**to** uno, cien**to** dos, cien**to** tres...
201, 202, 203...	doscientos uno, doscientos dos, doscientos tres...
1001, 1002, 1003...	mil uno, mil dos, mil tres...

> **Uno** se convierte en **un** delante de un sustantivo masculino**.** Delante de un sustantivo femenino se usa **una**: veinti**ún** euros, treinta y **una** páginas.

> **Cien** se usa solo para el número 100: **cien** coches, **cien** bicicletas, **cien** mil euros.
> Con decenas o unidades, **cien** se convierte en **ciento**: **ciento** dos bicicletas, **ciento** cincuenta coches.

> A partir de 200, las centenas tienen una forma masculina y una forma femenina y concuerdan con el sustantivo que les sigue: quinient**os** eur**os**, doscient**as** págin**as**.

> **Y** aparece solo **entre** las decenas y las unidades: treinta **y** dos, noventa **y** dos mil ciento ochenta **y** seis

> **Mil** es invariable: tres **mil** euros, cien **mil** dólares.

> Entre **millón** y el sustantivo que le sigue se usa **de**: dos millones **de** habitantes.

7.2 Los ordinales

> Los numerales ordinales **1º primero**, **2º segundo**, **3º tercero**... concuerdan en género y número con el sustantivo al que se refieren: el segund**o** plato, la tercer**a** persona.

> **Primero** y **tercero** pierden la **-o** delante de sustantivos masculinos en singular: el **primer** punto, el **tercer** punto.

> Para escribir de forma abreviada los ordinales se usa la terminación correspondiente escrita en la parte superior derecha: el 1er (prim**er**) día, el 2º (segund**o**) punto, la 3ª (tercer**a**) lección.

> En **Meta Profesional B1** se tratarán otros ordinales.

7.3 Fracciones y porcentajes

fracciones	porcentajes
½ la mitad	el / un 50% (por ciento)
¼ un cuarto	el / un 25% (por ciento)

> Para la expresión de porcentajes se usa un artículo (determinado o indeterminado) delante de la cifra:
> **El 22%** (veintidós por ciento) de los españoles puede trabajar desde casa.
> **Un 5,3%** (cinco coma tres por ciento) no puede concentrarse en casa.

8 // La fecha y la hora

8.1 La fecha

> Para expresar la fecha, se usan los numerales cardinales: Hoy es el **dos** de abril.
> **OJO** Para el primer día del mes puede usarse tanto el ordinal **primero** (LA) como el cardinal **uno**:
> Es **el uno / el primero** de agosto.

> Entre el día y el mes, y entre el mes y el año se usa **de**: El 13 **de** julio **de** 2014.

> Delante del día se usa el artículo **el**: Mi cumpleaños es **el** 9 de junio.

> En las fechas de cartas y documentos no se usa el artículo: Madrid, 20 de marzo de 2015.

8.2 La hora

> Para expresar la hora, se usa **ser** + artículo determinado. Normalmente se usan solo los números del 1 al 12 y si es necesario precisar, se añade **de la mañana / tarde / noche**. Solo en contextos oficiales, en los que se necesita ser preciso, se usan los números hasta 24:
> - ¿Qué hora es?
> - **Es la** una.
> - **Son las** dos (de la tarde).

> Del minuto 1 al 30 se usa **y** entre los minutos, los cuartos, la media hora y la hora precedente. A partir del minuto 31 se usa la siguiente hora y la expresion **menos**:
> - Son las once **y** media.
> - Son las doce **menos** veinticinco.

> Para expresar el momento *(cuándo)* se usa la preposición **a**:
> - ¿**A** qué hora abre el restaurante?
> - **A** las once.

9 // El verbo

9.1 El presente

9.1.1 Verbos regulares

> Los verbos en español se dividen en tres grupos según la terminación del infinitivo en **ar**, **-er** o **-ir**:

	trabaj**ar**	aprend**er**	viv**ir**
yo	trabaj**o**	aprend**o**	viv**o**
tú	trabaj**as**	aprend**es**	viv**es**
él / ella / usted	trabaj**a**	aprend**e**	viv**e**
nosotros/-as	trabaj**amos**	aprend**emos**	viv**imos**
vosotros/-as	trabaj**áis**	aprend**éis**	viv**ís**
ellos / ellas / ustedes	trabaj**an**	aprend**en**	viv**en**

> Para conjugar un verbo se sustituye la terminación del infinitivo por otras que indican persona, número y tiempo verbal. Cada uno de estos tres grupos tiene sus terminaciones.

> La <u>acentuación</u> de la forma en infinitivo recae en la última sílaba. En las formas conjugadas, el acento está en la raíz (tra**ba**jo), excepto en *nosotros* y *vosotros*, donde el acento está en la terminación (traba**ja**mos).

9.1.2 Verbos irregulares

> En algunos verbos cambia la vocal acentuada de la raíz. Esto sucede en todas las personas, excepto en *nosotros* y *vosotros*. Las terminaciones son las de los verbos regulares:

	grupo **e > ie**	grupo **o > ue**	grupo **e > i**	grupo **u > ue**
	querer	poder	pedir	jugar
yo	qu**ie**ro	p**ue**do	p**i**do	j**ue**go
tú	qu**ie**res	p**ue**des	p**i**des	j**ue**gas
él / ella / usted	qu**ie**re	p**ue**de	p**i**de	j**ue**ga
nosotros/-as	queremos	podemos	pedimos	jugamos
vosotros/-as	queréis	podéis	pedís	jugáis
ellos / ellas / ustedes	qu**ie**ren	p**ue**den	p**i**den	j**ue**gan

> En el vocabulario de **Meta profesional**, los verbos están reseñados con su correspondiente irregularidad: cerrar *(ie)*, almorzar *(ue)*, seguir *(i)*.

> Otros verbos tienen una irregularidad solo en la primera persona del singular. En el verbo **oír** cambia, además, la ortografía:

hacer	poner	salir	ver	dar	saber	oír
ha**go**	pon**go**	sal**go**	**veo**	**doy**	**sé**	oi**g**o
haces	pones	sales	ves	das	sabes	o**y**es
hace	pone	sale	ve	da	sabe	o**y**e
hacemos	ponemos	salimos	vemos	damos	sabemos	oímos
hacéis	ponéis	salís	veis	dais	sabéis	oís
hacen	ponen	salen	ven	dan	saben	o**y**en

> Algunos verbos presentan, además de una irregularidad en la primera persona singular, un cambio de la raíz vocálica (**e > i** o **e > ie**) cuando está acentuada:

decir	tener	venir
d**i**go	ten**g**o	ven**g**o
d**i**ces	t**ie**nes	v**ie**nes
d**i**ce	t**ie**ne	v**ie**ne
decimos	tenemos	venimos
decís	tenéis	venís
d**i**cen	t**ie**nen	v**ie**nen

> En algunos verbos que terminan en **-iar** y **-uar**, la **i** y la **u** de la raíz acentuada se escriben con acento gráfico:

> Algunos verbos que terminan en **-uir** añaden una **y** entre la raíz acentuada y la terminación:

enviar (**í**)	continuar (**ú**)	construir (**y**)
env**í**o	contin**ú**o	constru**y**o
env**í**as	contin**ú**as	constru**y**es
env**í**a	contin**ú**a	constru**y**e
enviamos	continuamos	construimos
enviáis	continuáis	construís
env**í**an	contin**ú**an	constru**y**en

> En los verbos que terminan en **-ecer**, **-ocer** y **-ucir**, la **c** se convierte en **zc** en la primera persona del singular:

ofrecer (**zc**)	conocer (**zc**)	traducir (**zc**)
ofre**zc**o	cono**zc**o	tradu**zc**o
ofreces	conoces	traduces
ofrece	conoce	traduce
ofrecemos	conocemos	traducimos
ofrecéis	conocéis	traducís
ofrecen	conocen	traducen

> Otros verbos irregulares importantes:

ir	estar	ser	haber
voy	est**oy**	**soy**	**he**
vas	est**ás**	**eres**	**has**
va	est**á**	**es**	**ha**
vamos	estamos	**somos**	**hemos**
vais	est**áis**	**sois**	habéis
van	est**án**	**son**	**han**

> El presente del verbo **haber** se usa solo como verbo auxiliar para construir las formas del perfecto (v. 9.2).

> **Hay** es una forma impersonal del verbo **haber** (v. 9.1.6).

9.1.3 Los verbos reflexivos

		levantarse
yo	**me**	levanto
tú	**te**	levantas
él / ella / usted	**se**	levanta
nosotros/-as	**nos**	levantamos
vosotros/-as	**os**	levantáis
ellos / ellas / ustedes	**se**	levantan

> Los verbos reflexivos se comportan como cualquier otro verbo, pero se conjugan con los pronombres reflexivos (**me**, **te**, **se**, **nos**, **os**, **se**).

> Estos verbos pueden ser regulares o irregulares, por ejemplo: levantarse, sentirse (**e > ie**), acostarse (**o > ue**).

> Algunos verbos pueden usarse de forma reflexiva o no:
Hoy **me acuesto** antes de cenar.   La madre **acuesta** a su hijo.

> Otros verbos cambian de significado si se usan de forma reflexiva o no:
Gracias por **llamar**. *(por teléfono)*   Mi padre **se llama** Pedro. *(Su nombre es…)*

> Para la posición de los pronombres v. 6.2.3.

9.1.4 El *se* impersonal

> Para expresar la impersonalidad se usa la construcción **se** + verbo en tercera persona en singular o en plural:

con infinitivo	**Se puede** pagar con tarjeta.
con sustantivos en singular	El gazpacho **se come** frío.
con sustantivos en plural	En un bar **se toman** tapas.

9.1.5 El uso de *ser* y *estar*

Usamos el verbo **ser** para:	
identificar personas u objetos	Esta **es** la señora Alcántara.
decir el nombre, el origen y la profesión	El señor Navarro **es** economista. **Es** español. **Es** de Valencia.
describir las características de personas u objetos	Carmen **es** alta y guapa. El metro **es** más rápido.
hablar de forma, color y material	El jersey **es** negro. La corbata **es** de seda.
decir la hora y la fecha	Hoy **es** lunes. **Es** el 2 de junio. **Son** las diez.
hablar del precio	**Son** 12 € por persona.
indicar posesión	La empresa **es** de mi padre.

Usamos el verbo **estar** para:	
localizar a personas u objetos en el espacio	¿Dónde **está** Luis? **Está** en casa.
expresar el estado físico o mental	¿Cómo **estás**? **Estoy** bien.
expresar un estado no permanente	La habitación no **está** limpia.
expresar un estado como resultado de una acción	La oficina **está** amueblada. La cocina **está** equipada.

9.1.6 El uso de *hay* y *estar*

> **Hay** es una forma impersonal del verbo **haber**. Solo existe en tercera persona singular. Se usa para indicar la existencia de algo:

	artículo indeterminado	¿**Hay** una iglesia famosa en Barcelona?
hay +	sustantivo sin artículo	**Hay** gente de muchas nacionalidades.
	número	**Hay** 300 ferias y congresos.
	cantidad indeterminada	**Hay** muchos hoteles y restaurantes.

> **Estar** se usa para localizar a una persona o cosa ya conocida:

	artículo determinado	¿Dónde **está** la estación?
estar +	posesivo	Mis padres **están** en un hotel del centro.
	nombre propio	Pedro **está** en su casa.

9.1.7 El verbo *gustar*

> El verbo **gustar** se usa normalmente en tercera persona y siempre va acompañado de un complemento indirecto (me, te, le…). El sujeto (lo que gusta) va siempre determinado cuando es un sustantivo:
> Me gusta **el** fútbol.
> Me gustan **los** deportes como el fútbol.
> ¿Te gustan **mis** zapatos?
> No me gustan **estos** regalos.

> Se usa la tercera persona singular **gusta** cuando sigue un sustantivo en singular o un verbo en infinitivo:
> No me **gusta** la rutina.
> Me **gusta** trabajar en equipo.

> Se usa la tercera persona plural **gustan** cuando sigue un sustantivo en plural:
> ¿Te **gustan** los hoteles tranquilos?
> No me **gustan** las ciudades grandes.

> Para aclarar o resaltar de quién se habla, puede usarse, además de un pronombre átono (**me**, **te**, **le**…), un pronombre tónico con la proposición **a** (**a mí**, **a ti**, **a él**…) (v. 6.2.5):
> **A mí me** gusta el hotel, ¿y **a ti**?

> Otros verbos que funcionan como **gustar** son: **encantar**, **interesar**, **molestar** y **parecer**.

9.1.8 Los verbos *poder* y *saber*

> Usamos **poder** para expresar:

posibilidad física	Lo siento, ahora no **puedo** hablar.	¿**Puedes** ir a pie al trabajo?
permiso	¿**Puedo** usar tu móvil?	No se **puede** usar el móvil.

> Usamos **saber** para expresar:

habilidad	¿**Sabes** chino?	¿**Sabes** tocar un instrumento?
conocimiento	¿**Sabe** usted qué significa?	No lo **sé**. No **sé** cómo hacer esto.

9.2 El perfecto

9.2.1 Formas

> El perfecto se forma con el presente del verbo auxiliar **haber** y el participio pasado del verbo (**trabajado**, **aprendido**, **vivido**). El participio pasado es invariable:

haber + participio pasado		formación del participio			
		verbos en **-ar**		verbos en **-er** / **-ir**	
yo	**he**		trabaj**ado** aprend**ido** viv**ido**	trabajar > trabaj**ado**	aprender > aprend**ido**
tú	**has**			hablar > habl**ado**	tener > ten**ido**
él / ella / usted	**ha**			estar > est**ado**	vivir > viv**ido**
nosotros/-as	**hemos**				
vosotros/-as	**habéis**				
ellos / ellas / ustedes	**han**				

> Todos los verbos forman siempre el perfecto con el verbo auxiliar **haber**:
> **He hablado** ya con el director.
> **He estado** en este hotel muchas veces.
> **He ido** a Perú estas vacaciones.
> Hoy **me he levantado** tarde.

> Las formas del verbo auxiliar **haber** y el participio pasado no se pueden separar:
> ¿María? No la **he visto** hoy.

> Algunos participios irregulares:

abrir	decir	escribir	hacer	ir	poner	ser	ver	volver
abierto	**dicho**	**escrito**	**hecho**	**ido**	**puesto**	**sido**	**visto**	**vuelto**

9.2.2 El uso del perfecto

> El perfecto se usa para hablar de acciones sucedidas en el pasado, pero que para el hablante aún son muy recientes o están vinculadas al momento actual. Los marcadores temporales suelen ser **hoy**, **esta mañana**, **esta semana**, **este año**:
> Este año **hemos ido** a Mallorca.
> ¿Dónde **has estado** esta mañana?

> También se usa para hablar de una acción pasada cuando no interesa tanto el momento en que ha sucedido. Los marcadores temporales suelen ser **alguna vez**, **muchas veces**, **nunca**, **ya**, **todavía no**:
> **He hecho** unas prácticas en el extranjero.
> ¿**Has estado** en Chile alguna vez?

9.3 El imperfecto

9.3.1 Formas

> El imperfecto se forma sustituyendo la terminación del infinitivo por las del imperfecto. Los verbos en **-er** e **-ir** tienen las mismas terminaciones. Excepto **ser**, **ir** y **ver**, todos los verbos son regulares.

> verbos regulares

	verbos en **-ar**	verbos en **-er**	verbos en **-ir**
yo	trabaj**aba**	aprend**ía**	viv**ía**
tú	trabaj**abas**	aprend**ías**	viv**ías**
él / ella / usted	trabaj**aba**	aprend**ía**	viv**ía**
nosotros/-as	trabaj**ábamos**	aprend**íamos**	viv**íamos**
vosotros/-as	trabaj**abais**	aprend**íais**	viv**íais**
ellos/-as / ustedes	trabaj**aban**	aprend**ían**	viv**ían**

verbos irregulares

ser	ir	ver
era	iba	veía
eras	ibas	veías
era	iba	veía
éramos	íbamos	veíamos
erais	ibais	veíais
eran	iban	veían

> El imperfecto de **hay** es **había**.

9.3.2 El uso del imperfecto

> El imperfecto se usa para describir personas o cosas en el pasado y para presentar acciones habituales en el pasado. Los marcadores temporales que suelen acompañar al imperfecto son entre otros **antes**, **entonces**, **cuando era joven**, **en los años 50**:
> Antes **veía** a mis amigos todos los días.
> Cuando **era** joven, **hacía** mucho deporte.

9.4 El indefinido

9.4.1 Verbos regulares

	verbos en **-ar**	verbos en **-er**	verbos en **-ir**
yo	trabaj**é**	aprend**í**	viv**í**
tú	trabaj**aste**	aprend**iste**	viv**iste**
él / ella / usted	trabaj**ó**	aprend**ió**	viv**ió**
nosotros/-as	trabaj**amos**	aprend**imos**	viv**imos**
vosotros/-as	trabaj**asteis**	aprend**isteis**	viv**isteis**
ellos/-as / ustedes	trabaj**aron**	aprend**ieron**	viv**ieron**

> Los verbos de los grupos **-er** e **-ir** tienen las mismas terminaciones.

> **OJO** En los verbos en **-ar** e **-ir**, la primera persona del plural *(nosotros)* es igual que la del presente: ¿Qué hicisteis ayer? – **Trabajamos** hasta las 10.

> Algunos verbos tienen cambios ortográficos en la primera persona del singular para mantener la misma pronunciación: bus**c**ar > yo bus**qu**é, reali**z**ar > yo reali**c**é, pa**g**ar > yo pa**gu**é.

9.4.2 Verbos irregulares

> Los siguientes verbos son irregulares:

sentir (**e > ie**)	pedir (**e > i**)	dormir (**o > ue**)
sent**í**	ped**í**	dorm**í**
sentiste	pediste	dormiste
s**i**ntió	p**i**dió	d**u**rmió
sentimos	pedimos	dormimos
sentisteis	pedisteis	dormisteis
s**i**ntieron	p**i**dieron	d**u**rmieron

> Los verbos en **-ir** que tienen un cambio en la raíz **e > ie** (sentir) o **e > i** (pedir) en el presente son también irregulares en indefinido. En este caso, la **e** se convierte en **i** solo en la tercera persona singular y plural: él s**i**ntió, ellos p**i**dieron.

> Lo mismo sucede con los verbos del grupo **o > ue**, en los que la **o** cambia a **u**: dormir > él d**u**rmió, ellos d**u**rmieron.

ser / ir	dar	ver
fui	di	vi
fuiste	diste	viste
fue	dio	vio
fuimos	dimos	vimos
fuisteis	disteis	visteis
fueron	dieron	vieron

> Los verbos **ir** y **ser** tienen la misma forma en indefinido.

> El indefinido de **hay** es **hubo**.

> Algunos verbos tienen una raíz irregular en indefinido y unas terminaciones especiales:

	estar	infinitivo	raíz	terminación	decir	conducir
yo	estuv**e**	hacer	**hic-**	**-e**	**dij**e	conduje
tú	estuv**iste**	poder	**pud-**	**-iste**	**dij**iste	condujiste
él / ella / usted	estuv**o**	poner	**pus-**	**-o**	**dij**o	condujo
nosotros/-as	estuv**imos**	querer	**quis-**	**-imos**	**dij**imos	condujimos
vosotros/-as	estuv**isteis**	tener	**tuv-**	**-isteis**	**dij**isteis	condujisteis
ellos/-as / ustedes	estuv**ieron**	venir	**vin-**	**-ieron**	**dij**eron	**conduj**eron

> **OJO** El verbo **hacer** tiene un cambio ortográfico en la tercera persona singular: él hi**z**o.

> **OJO** En la tercera persona del plural del verbo **decir** y de los verbos terminados en **-ucir**, la **i** desaparece: ellos di**j̶i**eron.

9.4.3 El uso del indefinido

> El indefinido se usa para presentar acciones que se consideran terminadas en el pasado, sin ninguna relación con el momento actual. Los marcadores temporales que se suelen usar son **ayer**, **el domingo**, **la semana pasada, el año pasado, en 1998**:
> **Nací** en 1985 en Cádiz.
> El año pasado **empecé** a trabajar.
> Ayer **me casé**.

9.5 El contraste perfecto / indefinido

> Usamos el **perfecto** cuando hablamos de acciones terminadas en el pasado que para el hablante aún tienen una relación temporal o emocional con el presente. Suele ir acompañado de construcciones temporales que hacen referencia a la actualidad (**hoy**, **esta semana**, **este año**) o que no hacen referencia a ningún momento concreto (**ya**, **todavía no**, **alguna vez**, **nunca**).

> Usamos el **indefinido** cuando hablamos de acciones terminadas en un espacio temporal concluido en el pasado, sin relación con el presente. A menudo va acompañado por marcadores temporales como **ayer, la semana pasada, en 2002, hace 3 años, el 20 de abril**.

> Ejemplos de uso:

	perfecto	indefinido
• ¿Has estado en Chile?	○ No, no **he estado** nunca.	○ Sí, **estuve** en 2006.
• ¿Tienes el informe?	○ Sí, ya lo **he hecho**.	○ Sí, lo **hice** el jueves.

9.6 Formas no personales del verbo

9.6.1 El infinitivo

> En español hay varias construcciones verbales con infinitivo (perífrasis verbales de infinitivo) que expresan diferentes significados.

> La construcción **ir a** + infinitivo ("futuro próximo") expresa un propósito, una intención o un suceso que va a tener lugar en un futuro cercano y probable:
> **Voy a leer** el informe esta tarde.
> ¿**Vas a estar** en la ciudad el sábado?

> Para expresar obligación se usa la construcción **tener que** + infinitivo, o su forma impersonal **hay que** + infinitivo:
> **Tengo que trabajar** mucho, ¿tú también?
> **Hay que trabajar** mucho.

9.6.2 El gerundio

> El gerundio se forma añadiendo la terminación **-ando** a los verbos en **-ar** y la terminación **-iendo**, a los verbos en **-er/-ir**:

verbos en **-ar**	verbos en **-er / -ir**	formas irregulares	
buscar > busc**ando**	comer > com**iendo**	decir > d**iciendo**	dormir > d**urmiendo**
hablar > habl**ando**	hacer > hac**iendo**	pedir > p**idiendo**	leer > le**yendo**
trabajar > trabaj**ando**	escribir > escrib**iendo**	venir > v**iniendo**	ir > **yendo**

> Se usa la construcción **estar** + gerundio (perífrasis verbal con gerundio) para describir algo que está sucediendo en el momento de hablar:
> ¿Qué **estás haciendo**?
> **Estoy escribiendo** un informe.

> Los pronombres se pueden usar delante de **estar** o detrás del gerundio. En este último caso el pronombre se une a la forma de gerundio y forma una sola palabra, que lleva acento gráfico para mantener la acentuación en la misma sílaba: Nuria **se está duchando**. / Nuria **está duchándose**.

10 // El adverbio

> El adverbio es una palabra invariable que se usa para modificar o complementar el significado de verbos, adjetivos, adverbios o frases enteras. Hay adverbios de lugar, de modo, de grado, etc.:

adjetivo (acompaña a un sustantivo)	adverbio (acompaña a un verbo / adverbio)
Tengo **buenos** conocimientos de español.	Lo hablo **bien**.
Hoy ha sido un día **normal**.	**Normalmente** me levanto a las siete.

10.1 El uso de *muy* y *mucho*

> **Muy** es un adverbio y como tal es invariable. Acompaña a adjetivos o a otros adverbios:
> Es un lugar **muy** tranquilo.
> La oficina no está **muy** lejos.

> **Mucho** funciona también como adverbio. Como tal es invariable y acompaña a verbos y adverbios:
> No uso **mucho** la bicicleta.
> Antes podía dormir **mucho** más.
> ¿Te gusta tu trabajo? – Sí, **mucho**.

> **OJO Mucho/-a/-os/-as** funciona como adjetivo y concuerda en género y número con el sustantivo al que hace referencia:
> Aquí hay **mucho** tráfico y **mucha** gente.
> Hay **muchos** museos y **muchas** galerías.

10.2 El uso de *también* y *tampoco*

	enunciado	expresar acuerdo	expresar desacuerdo
enunciado positivo	• Trabajo mucho.	○ Yo también.	▪ Yo no.
enunciado negativo	• No tengo tiempo.	○ Yo tampoco.	▪ Yo sí.

> Para expresar acuerdo o desacuerdo con verbos como **gustar**, **encantar**, **interesar** o **molestar**, usamos **también** y **tampoco** con los pronombres tónicos (**a mí**, **a ti**…):

	enunciado	expresar acuerdo	expresar desacuerdo
enunciado positivo	• Me gusta mi trabajo.	○ A mí también.	▪ A mí no.
enunciado negativo	• No me gusta la rutina.	○ A mí tampoco.	▪ A mí sí.

10.3 Adverbios y locuciones adverbiales de lugar

aquí	allí	cerca	delante	a la izquierda	al lado
ahí	todo recto	lejos	detrás	a la derecha	enfrente

10.4 Adverbios de tiempo

hoy	temprano	ahora	enseguida	entonces	(más) tarde
ayer	tarde	antes	después	luego	al final
mañana	primero				

10.5 Marcadores de frecuencia

siempre	**Siempre** voy al trabajo a pie.
todos los días	**Todos los días** chateo con mis amigos.
muchas veces	**Muchas veces** me acuesto tarde.
algunas veces	**Algunas veces** no hacemos las tareas.
a veces	**A veces** participamos en congresos internacionales.
pocas veces	**Pocas veces** he tenido mucho trabajo.
una vez (al año / mes)	**Una vez al mes** tenemos desayunos de trabajo.
(casi) nunca	Los clientes no se quejan **casi nunca**.

10.6 Cuantificadores

demasiado	Este traje es **demasiado** formal.
bastante	Es **bastante** fácil.
mucho	Me gusta **mucho** trabajar en equipo.
poco	Ir en taxi es **poco** práctico.
algo	Mi oficina está **algo** lejos de mi casa.
nada	No está **nada** mal.
muy	Es **muy** importante hablar idiomas.

11 // Las preposiciones

11.1 Las preposiciones *a, de, en, para, por*

11.1.1 La preposición *a (a + el = al)*

dirección	Voy **a** Santiago en junio. ¿Este tren va **al** aeropuerto?
lugar	El restaurante está **a** la izquierda, **al** lado del parque.
distancia	Novelda está **a** 160 kilómetros de Valencia.
hora	¿**A** qué hora abren los museos? – **A** las diez.
duración	El banco abre de 9 **a** 12.
frecuencia	Tengo una reunión una vez **a** la semana / **al** mes.
modo y manera	Voy al trabajo **a** pie. Me gusta la carne **a** la plancha.
edad	**A** los 15 años hacía mucho deporte.
complemento de objeto indirecto	¿Qué le gusta **a** tu padre?
complemento de objeto directo de persona	¿Conoces **a** mi hermana? Tenemos que llamar **al** director.
con determinados verbos	**Juego al** tenis y **al** fútbol. Ana **ha respondido a** las cartas de los clientes. **Me refiero al** informe del mes pasado.

11.1.2 La preposición *de (de + el = del)*

posesión, pertenencia	La empresa es **de** mi madre.
procedencia	Soy **de** Málaga. Me gusta el vino **de** Rioja.
material	La corbata es **de** seda.
cantidad y contenido	Compro 200 gramos **de** queso y una botella **de** leche.
tema	La escuela ofrece un curso **de** español.
duración	El desayuno es **de** siete a nueve.
fecha	Hoy es el uno **de** julio **de** 2014.
hora	Son las diez **de** la noche.
locuciones preposicionales	**Después de** la reunión vamos al restaurante.
comparación de cantidades	El señor García tiene **más de** 70 años.
con determinados verbos	No me gusta **hablar de** mí.
con construcciones adverbiales	Gracias. – **De nada**. ¿**De verdad**? **De acuerdo**.

11.1.3 La preposición *en*

lugar	Trabajo **en** un banco. Tu libro está **en** la mesa.
tiempo	**En** junio tengo vacaciones. **En** una hora estoy allí.
medio de transporte	¿Vas **en** coche al trabajo? – No, **en** tren.
idioma	¿Cómo se dice esto **en** español?
ocupación, profesión	Soy especialista **en** informática.
con determinados verbos	Siempre **piensas en** el trabajo. **Participo en** congresos internacionales.
con construcciones adverbiales	**¿En serio?**

11.1.4 La preposición *para*

finalidad	¿Qué quieren **para** beber? Estudio español **para** trabajar en España. Es una ciudad atractiva **para** los negocios.
destinatario	**Para** mí, una cerveza. Escribo informes **para** el director.
dirección	¿El autobús **para** el centro?
tiempo	¿Tiene una mesa libre **para** el lunes? Quiero una habitación **para** tres noches.
opinión personal	¿Qué es España **para ti**?

11.1.5 La preposición *por*

motivo	Llamo **por** el anuncio. Gracias **por** su llamada. Perdón **por** las molestias.
tiempo indeterminado	**Por** la mañana no me ducho. Me ducho **por** la noche.
localización aproximada	¿Hay un mercado **por** aquí cerca?
tránsito	Paseamos **por** la ciudad. Vamos **por** la autopista.
medio	Tengo que hablar **por** teléfono con clientes.
precio	Puedes visitar la ciudad **por** menos de dos euros.
con determinados verbos	**Se interesa por** las redes sociales. **He preguntado por** su nombre.
con construcciones adverbiales	¿Me puedes ayudar, **por favor**?

11.2 Locuciones preposicionales de lugar

cerca de	a la izquierda de
lejos de	a la derecha de
delante de	enfrente de
detrás de	entre
al lado de	al final de

11.3 Locuciones preposicionales de tiempo

11.3.1 El uso de *antes de* y *después de*

> Con **antes de** y **después de** se expresa la anterioridad o posterioridad de un acontecimiento.
> Se puede usar con un infinitivo o con el sustantivo correspondiente:

Antes de + artículo + sustantivo Antes de + infinitivo	**Antes de la cena** hago deporte. Me ducho **antes de cenar**.
Después de + artículo + sustantivo Después de + infinitivo	**Después del trabajo** voy al gimnasio. **Después de trabajar** salgo con mis amigos.

11.3.2 El uso de *hace*

> Se usa **hace** para expresar el periodo transcurrido entre un suceso del pasado y el momento actual:
> **Hace un año** me mudé.
> Empecé a trabajar **hace 6 semanas**.

12 // Los conectores

> Los conectores son invariables y se usan para unir frases o partes de una frase:

y	Soy estudiante **y** trabajo como camarero.
o	¿Quedamos el lunes **o** el martes?
pero	El restaurante es caro, **pero** la comida es muy buena.
porque	Me gusta mi trabajo **porque** tengo contacto con mucha gente.
que	Creo **que** la vida antes era diferente.
si	Podemos ofrecerles otra habitación **si** lo desean.
cuando	Hacemos deporte **cuando** tenemos tiempo.

13 // La frase

13.1 La frase enunciativa

> El orden gramatical de la frase en español es: sujeto + verbo + complemento.
> Este orden se puede cambiar si se quiere resaltar algún elemento:
> Eva tiene vacaciones.
> Eva está en casa porque tiene vacaciones.
>
> Con Eva quiere hablar el jefe. *(y no con otra persona)*
> De Eva recuerdo sus fiestas de cumpleaños.

13.2 La frase negativa

> Las frases negativas se construyen con el adverbio **no** delante del verbo:
> **afirmación**: He tenido tiempo. Me he duchado hoy.
> **negación: No** he tenido tiempo. **No** me he duchado hoy.

> En español, el adverbio **no** puede aparecer con otras palabras con significado negativo como
> **nadie**, **nunca** cuando estas aparecen detrás del verbo. Si van delante del verbo, no hay que combinarlas con
> el adverbio **no**:
> **No** voy **nunca** al museo. / **Nunca** voy al museo. Hoy **no** trabaja **nadie**. / **Nadie** trabaja hoy.
> **OJO** La doble negación no anula el sentido negativo de la frase.

13.3 La frase interrogativa

> Las frases interrogativas directas en español se escriben entre dos signos de interrogación (**¿?**).

> Las interrogativas que pueden responderse con *sí / no* (interrogativas absolutas) no llevan un interrogativo.
> Normalmente, en este tipo de frases hay una inversión del sujeto, pero también pueden tener la misma
> estructura que las frases enunciativas. La entonación es ascendente al final:
> ¿Hablas español?
> ¿Viene **Carmen** a la reunión? ¿**Carmen** viene a la reunión?

> Al final de una frase se pueden usar ¿**no**? o ¿**verdad**? como partículas interrogativas:
> El hotel tiene aire acondicionado, ¿**no**? Eres de Málaga, ¿**verdad**?

> Otras frases interrogativas están precedidas por un interrogativo (interrogativas parciales):
> ¿**Cuándo** termina la reunión? ¿**Quién** viene a la reunión? ¿**Cómo** te llamas?

13.3.1 Los interrogativos

> Los interrogativos (pronombres, adjetivos o adverbios) llevan siempre un acento gráfico en español.
> También en las frases interrogativas indirectas:
> ¿**Cómo** se llama el nuevo director?
> ¿Sabes **cómo** se llama el nuevo director?

¿Qué + verbo?	¿**Qué** hace usted?
¿Qué + sustantivo?	¿**Qué** lenguas hablas?
¿Quién?	¿**Quién** es Penélope Cruz?
¿Quiénes?	¿**Quiénes** son esas personas?
¿Dónde?	¿Sabe usted **dónde** está la estación?
¿Adónde?	¿**Adónde** vamos mañana?
¿De dónde?	¿**De dónde** es usted?
¿Cuándo?	¿**Cuándo** tienes vacaciones?
¿Cuánto/-a?	¿**Cuánto** cuestan estas fotos?
¿Cuántos/-as?	¿**Cuántas** plantas tiene la casa?
¿Cómo?	¿**Cómo** te llamas?
¿Para qué?	¿**Para qué** estudias español?
¿Por qué?	¿**Por qué** ha elegido este hotel?
¿Cuál?	¿**Cuál** es tu número de móvil?
¿Cuáles?	¿**Cuáles** son tus palabras favoritas?

13.3.2 El uso de *¿qué?* y *¿cuál / cuáles?*

> **Qué** + verbo se usa para pedir información sobre cosas o conceptos en general:
> ¿**Qué** has comprado?   ¿**Qué** significa?

> **Qué** + sustantivo se usa para preguntar por cosas o personas de un conjunto, **cuál / cuáles** se usa si no aparece un sustantivo:
> ¿**Qué** chaqueta has comprado?
> ¿**Cuál** has comprado? ¿La gris o la negra?
> ¿**Cuáles** de estas chaquetas te gustan?

> **OJO** ¿**Cuáles** ~~chaquetas~~ te gustan más?

13.4 La frase exclamativa

> Las exclamaciones llevan también un acento gráfico:

¡Qué!	¡**Qué** interesante!
	¡**Qué** calor hace!
	¡**Qué** camiseta tan original!
¡Cómo!	¡**Cómo** llueve!
¡Cuánto!	¡**Cuánto** lo siento!

13.5 La frase relativa

> Las frases relativas funcionan como adjetivos que acompañan a un sustantivo y están introducidas por un relativo. **Que** es invariable y puede referirse a cosas y a personas, en singular y en plural:
> Es una comida **que** se come caliente.
> Tengo muchos amigos **que** viven en Perú.
> Novelda es un lugar **que** no conozco.

> Cuando el antecedente es un lugar, se puede usar el adverbio relativo **donde**:
> Esta es la oficina **donde** trabaja mi padre.

Tabla de verbos

Aquí puedes consultar la conjugación de los verbos regulares en **-ar**, **-er** e **-ir**. A continuación se incluye la conjugación de los verbos irregulares más importantes que aparecen en **Meta profesional**, así como los verbos con la siguiente irregularidad en el presente: **c > zc**, **e > ie**, **e > i**, **i > í**, **i > y**, **o > ue**, **u > ue**, **u > ú**. Los verbos con cambio ortográfico no están incluidos en la lista, por ejemplo, bus**c**ar > bus**qu**é, empe**z**ar > empe**c**é, pa**g**ar > pa**gu**é, se**gu**ir > si**g**o.

infinitivo		presente	indefinido	imperfecto	participio	gerundio
trabaj**ar**	yo tú él / ella / usted nosotros/-as vosotros/-as ellos/-as / ustedes	trabaj**o** trabaj**as** trabaj**a** trabaj**amos** trabaj**áis** trabaj**an**	trabaj**é** trabaj**aste** trabaj**ó** trabaj**amos** trabaj**asteis** trabaj**aron**	trabaj**aba** trabaj**abas** trabaj**aba** trabaj**ábamos** trabaj**abais** trabaj**aban**	trabaj**ado**	trabaj**ando**
aprend**er**	yo tú él / ella / usted nosotros/-as vosotros/-as ellos/-as / ustedes	aprend**o** aprend**es** aprend**e** aprend**emos** aprend**éis** aprend**en**	aprend**í** aprend**iste** aprend**ió** aprend**imos** aprend**isteis** aprend**ieron**	aprend**ía** aprend**ías** aprend**ía** aprend**íamos** aprend**íais** aprend**ían**	aprend**ido**	aprend**iendo**
viv**ir**	yo tú él / ella / usted nosotros/-as vosotros/-as ellos/-as / ustedes	viv**o** viv**es** viv**e** viv**imos** viv**ís** viv**en**	viv**í** viv**iste** viv**ió** viv**imos** viv**isteis** viv**ieron**	viv**ía** viv**ías** viv**ía** viv**íamos** viv**íais** viv**ían**	viv**ido**	viv**iendo**

infinitivo		presente	indefinido	imperfecto	participio	gerundio
abrir					**abierto**	
conducir	yo tú él / ella / usted nosotros/-as vosotros/-as ellos/-as / ustedes	condu**zc**o conduces conduce conducimos conducís conducen	condu**j**e condu**j**iste condu**j**o condu**j**imos condu**j**isteis condu**j**eron	conducía conducías conducía conducíamos conducíais conducían	conducido	conduciendo
conocer (**c > zc**)	yo tú él / ella / usted nosotros/-as vosotros/-as ellos/-as / ustedes	cono**zc**o conoces conoce conocemos conocéis conocen	conocí conociste conoció conocimos conocisteis conocieron	conocía conocías conocía conocíamos conocíais conocían	conocido	conociendo
construir (**i > y**)	yo tú él / ella / usted nosotros/-as vosotros/-as ellos/-as / ustedes	constru**y**o constru**y**es constru**y**e construimos construís constru**y**en	construí construiste constru**y**ó construimos construisteis constru**y**eron	construía construías construía construíamos construíais construían	construido	constru**y**endo

infinitivo		presente	indefinido	imperfecto	participio	gerundio
contar (**o > ue**)	yo	cu**e**nto	conté	contaba	contado	contando
	tú	cu**e**ntas	contaste	contabas		
	él / ella / usted	cu**e**nta	contó	contaba		
	nosotros/-as	contamos	contamos	contábamos		
	vosotros/-as	contáis	contasteis	contabais		
	ellos/-as / ustedes	cu**e**ntan	contaron	contaban		
continuar (**u > ú**)	En las formas acentuadas de la raíz, la **u** se escribe con acento gráfico: continúo, continúas, continúa, continúan					
dar	yo	**doy**	**di**	daba	dado	dando
	tú	das	**diste**	dabas		
	él / ella / usted	da	**dio**	daba		
	nosotros/-as	damos	**dimos**	dábamos		
	vosotros/-as	dais	**disteis**	dabais		
	ellos/-as / ustedes	dan	**dieron**	daban		
decir	yo	**digo**	**dije**	decía	**dicho**	diciendo
	tú	dices	**dijiste**	decías		
	él / ella / usted	dice	**dijo**	decía		
	nosotros/-as	decimos	**dijimos**	decíamos		
	vosotros/-as	decís	**dijisteis**	decíais		
	ellos/-as / ustedes	dicen	**dijeron**	decían		
dormir (**o > ue**)	yo	d**ue**rmo	dormí	dormía	dormido	d**u**rmiendo
	tú	d**ue**rmes	dormiste	dormías		
	él / ella / usted	d**ue**rme	d**u**rmió	dormía		
	nosotros/-as	dormimos	dormimos	dormíamos		
	vosotros/-as	dormís	dormisteis	dormíais		
	ellos/-as / ustedes	d**ue**rmen	d**u**rmieron	dormían		
enviar (**i > í**)	En las formas acentuadas de la raíz, la **i** se escribe con acento gráfico: envío, envías, envía, envían					
escribir					**escrito**	
estar	yo	est**oy**	**estuve**	estaba	estado	estando
	tú	est**ás**	**estuviste**	estabas		
	él / ella / usted	est**á**	**estuvo**	estaba		
	nosotros/-as	estamos	**estuvimos**	estábamos		
	vosotros/-as	estáis	**estuvisteis**	estabais		
	ellos/-as / ustedes	est**án**	**estuvieron**	estaban		
haber	yo	**he**	**hube**	había	habido	habiendo
	tú	**has**	**hubiste**	habías		
	él / ella / usted	**ha (hay)**	**hubo**	había		
	nosotros/-as	**hemos**	**hubimos**	habíamos		
	vosotros/-as	habéis	**hubisteis**	habíais		
	ellos/-as / ustedes	**han**	**hubieron**	habían		
hacer	yo	ha**g**o	**hice**	hacía	**hecho**	haciendo
	tú	haces	**hiciste**	hacías		
	él / ella / usted	hace	**hizo**	hacía		
	nosotros/-as	hacemos	**hicimos**	hacíamos		
	vosotros/-as	hacéis	**hicisteis**	hacíais		
	ellos/-as / ustedes	hacen	**hicieron**	hacían		

infinitivo		presente	indefinido	imperfecto	participio	gerundio
ir	yo	**voy**	**fui**	**iba**		
	tú	**vas**	**fuiste**	**ibas**		
	él / ella / usted	**va**	**fue**	**iba**	**ido**	**yendo**
	nosotros/-as	**vamos**	**fuimos**	**íbamos**		
	vosotros/-as	**vais**	**fuisteis**	**ibais**		
	ellos/-as / ustedes	**van**	**fueron**	**iban**		
jugar (**u > ue**)	yo	j**ue**go	jugué	jugaba		
	tú	j**ue**gas	jugaste	jugabas		
	él / ella / usted	j**ue**ga	jugó	jugaba	jugado	jugando
	nosotros/-as	jugamos	jugamos	jugábamos		
	vosotros/-as	jugáis	jugasteis	jugabais		
	ellos/-as / ustedes	j**ue**gan	jugaron	jugaban		
oír	yo	o**ig**o	oí	oía		
	tú	o**y**es	oíste	oías		
	él / ella / usted	o**y**e	o**y**ó	oía	oído	o**y**endo
	nosotros/-as	oímos	oímos	oíamos		
	vosotros/-as	oís	oísteis	oíais		
	ellos/-as / ustedes	o**y**en	o**y**eron	oían		
pedir (**e > i**)	yo	p**i**do	pedí	pedía		
	tú	p**i**des	pediste	pedías		
	él / ella / usted	p**i**de	p**i**dió	pedía	pedido	p**i**diendo
	nosotros/-as	pedimos	pedimos	pedíamos		
	vosotros/-as	pedís	pedisteis	pedíais		
	ellos/-as / ustedes	p**i**den	p**i**dieron	pedían		
pensar (**e > ie**)	yo	p**ie**nso	pensé	pensaba		
	tú	p**ie**nsas	pensaste	pensabas		
	él / ella / usted	p**ie**nsa	pensó	pensaba	pensado	pensando
	nosotros/-as	pensamos	pensamos	pensábamos		
	vosotros/-as	pensáis	pensasteis	pensabais		
	ellos/-as / ustedes	p**ie**nsan	pensaron	pensaban		
poder (**o > ue**)	yo	p**ue**do	**pude**	podía		
	tú	p**ue**des	**pudiste**	podías		
	él / ella / usted	p**ue**de	**pudo**	podía	podido	p**u**diendo
	nosotros/-as	podemos	**pudimos**	podíamos		
	vosotros/-as	podéis	**pudisteis**	podíais		
	ellos/-as / ustedes	p**ue**den	**pudieron**	podían		
poner	yo	pon**g**o	**puse**	ponía		
	tú	pones	**pusiste**	ponías		
	él / ella / usted	pone	**puso**	ponía	**puesto**	poniendo
	nosotros/-as	ponemos	**pusimos**	poníamos		
	vosotros/-as	ponéis	**pusisteis**	poníais		
	ellos/-as / ustedes	ponen	**pusieron**	ponían		
romper					**roto**	
saber	yo	**sé**	**supe**	sabía		
	tú	sabes	**supiste**	sabías		
	él / ella / usted	sabe	**supo**	sabía	sabido	sabiendo
	nosotros/-as	sabemos	**supimos**	sabíamos		
	vosotros/-as	sabéis	**supisteis**	sabíais		
	ellos/-as / ustedes	saben	**supieron**	sabían		

infinitivo		presente	indefinido	imperfecto	participio	gerundio
salir	yo	salgo	salí	salía		
	tú	sales	saliste	salías		
	él / ella / usted	sale	salió	salía	salido	saliendo
	nosotros/-as	salimos	salimos	salíamos		
	vosotros/-as	salís	salisteis	salíais		
	ellos/-as / ustedes	salen	salieron	salían		
sentir (e > ie)	yo	siento	sentí	sentía		
	tú	sientes	sentiste	sentías		
	él / ella / usted	siente	sintió	sentía	sentido	sintiendo
	nosotros/-as	sentimos	sentimos	sentíamos		
	vosotros/-as	sentís	sentisteis	sentíais		
	ellos/-as / ustedes	sienten	sintieron	sentían		
ser	yo	**soy**	**fui**	**era**		
	tú	**eres**	**fuiste**	**eras**		
	él / ella / usted	**es**	**fue**	**era**	**sido**	**siendo**
	nosotros/-as	**somos**	**fuimos**	**éramos**		
	vosotros/-as	**sois**	**fuisteis**	**erais**		
	ellos/-as / ustedes	**son**	**fueron**	**eran**		
tener	yo	tengo	**tuve**	tenía		
	tú	tienes	**tuviste**	tenías		
	él / ella / usted	tiene	**tuvo**	tenía	tenido	teniendo
	nosotros/-as	tenemos	**tuvimos**	teníamos		
	vosotros/-as	tenéis	**tuvisteis**	teníais		
	ellos/-as / ustedes	tienen	**tuvieron**	tenían		
venir	yo	vengo	**vine**	venía		
	tú	vienes	**viniste**	venías		
	él / ella / usted	viene	**vino**	venía	venido	viniendo
	nosotros/-as	venimos	**vinimos**	veníamos		
	vosotros/-as	venís	**vinisteis**	veníais		
	ellos/-as / ustedes	vienen	**vinieron**	venían		
ver	yo	**veo**	**vi**	**veía**		
	tú	ves	**viste**	**veías**		
	él / ella / usted	ve	**vio**	**veía**	**visto**	**viendo**
	nosotros/-as	vemos	**vimos**	**veíamos**		
	vosotros/-as	veis	**visteis**	**veíais**		
	ellos/-as / ustedes	ven	**vieron**	**veían**		
volver (o > ue)	yo	vuelvo	volví	volvía		
	tú	vuelves	volviste	volvías		
	él / ella / usted	vuelve	volvió	volvía	**vuelto**	volviendo
	nosotros/-as	volvemos	volvimos	volvíamos		
	vosotros/-as	volvéis	volvisteis	volvíais		
	ellos/-as / ustedes	vuelven	volvieron	volvían		

Transcripciones

El primer día

1a ▶1
1.
Hola, buenas tardes. Me llamo Juana Serrano, ¿y usted?

2.
● Hola, soy David. Y tú, ¿cómo te llamas?
○ Soy Luis, ¿qué tal?

3.
Buenos días, soy Pablo Díaz.

2b ▶2
Buenas noches y bienvenidos a la gala de Empresas del Año. Estos son los candidatos al premio "Excelencia". En el sector de moda tenemos a Zara y Desigual. En alimentación, Chupa Chups, Queso García Baquero, Jamón Cinco Jotas y Cerveza San Miguel. En el sector de turismo, NH Hoteles, Apartplaya y Turespaña. En comunicación, Telefónica y Televisa. En transporte, Aerolíneas Argentinas y Renfe. Y por último, en el sector bancario, el Banco Central del Uruguay y el Banco Gallego.

1 Mis metas

1b ▶5–8
1. ¿Qué es España para mí? ¡Qué pregunta! Cultura, cultura y cultura: el Prado, los toros…

2. ¿Qué es España para mí? Difícil, tantas cosas… Es el Mediterráneo, los Pirineos, las playas… Naturaleza, España es para mí "naturaleza".

3. España es deporte. ¡Qué fútbol, por Dios! Es fantástico.

4.
● Yo viajo mucho a España. Para mí España es turismo, son sus playas maravillosas, museos impresionantes…
○ … y paella.
● y las tapas y la empanada y el pescado… Toda la gastronomía de España es maravillosa.

5b ▶9–12
1.
● Hola, buenos días. Soy Félix Redondo, de la empresa Carmencita.
○ Buenos días, señor Redondo, un momento… Redondo, Redondo… Sí, aquí, Fernando Redondo.
● No, Fernando no. Félix Redondo.
○ Ah, sí, perdone. Aquí está, Félix Redondo, empresa Carmencita, Alicante. Bienvenido a la feria, señor Redondo: aquí está su tarjeta…

2.
● Buen día, soy de la empresa Amanda, Luis Palaoro es mi nombre.
○ Luis Palaoro. Sí, aquí está. Palaoro, de Amanda. Un momento, por favor. Amanda produce mate, ¿verdad?
● Sí, claro, el mejor mate de Argentina.
○ Claro, acá tiene, señor Palaoro, la documentación de la feria.

3.
● Hola, ¿es acá la inscripción de la feria?
○ Sí, es aquí. Su nombre, por favor.
● Ángela Ramírez, de Colcafé.
○ De Colombia, ¿verdad?
● Sí, señora, de Bogotá.

4.
● Buff, por fin.
○ Bienvenida a la feria gastronómica, señora…
● Peña, Elisa Peña. Soy de México, represento a la empresa Maseca. Soy la última, ¿verdad?
○ No, no, no se preocupe. Acá tiene todos los documentos: la tarjeta de identificación…

9a ▶13–17
1.
● ¡Qué bien pronuncias español!
○ ¿De verdad? ¡Gracias! Es que viajo mucho a España y practico con mis amigos.

2.
● ¿Qué escuchas? ¿Es Shakira?
○ ¡Qué va, no por Dios! Es Maná. Maná, de México, que no te enteras…

3.
● ¡Ay, qué horror! No puedo más.
○ Ja, ja. Tú no practicas mucho deporte, ¿no?

4.

- Banco Santander, le habla Ana Jurado, dígame.
- Soy Félix Redondo, de Carmencita. Necesito hablar con el director.
- Sí, claro, ahora mismo le paso.

5.

- Buenos días, Soy Eva Díaz, soy profesora de español y…
- Mmmmm…
- Lo primero, las normas de la clase: hablamos siempre en español, y no usamos el móvil en clase, ¿de acuerdo?

2 Metas profesionales

3 a ▶▶ 21–25

1.

- ¿Para qué estás en la feria?
- Yo, para aprender a escribir bien mi currículum. ¿Y tú?
- Pues yo para buscar unas prácticas en Francia el próximo semestre.

2.

- Y vosotras, ¿estudiáis también Comercio y Marketing?
- Yo sí.
- No, yo no. Estudio Hostelería y Turismo.

3.

- ¿Señor Vega?
- Sí.
- Bienvenido a Madrid. ¿Cómo está usted? El taxi nos espera para ir al hotel.
- Perfecto, muchas gracias.

4.

- Hotel NH Madrid, buenos días.
- Buenos días. Tengo una reserva.
- Un momento, por favor. ¿Cómo se llama usted?
- Pilar Suárez.

5.

- ¡Hola, Mariana! ¡Qué sorpresa! ¿Cómo estás?
- ¡Hola, Miguel! Muy bien. ¿Y tú? ¿Todo bien?
- Sí, genial, ¿estudias inglés en esta escuela?
- Sí, ¿tú también?
- Sí.

7 c ▶▶ 27

- ¡Hola! Interesante la conferencia, ¿verdad?
- Sí, genial. ¿Tú también buscas unas prácticas en una empresa extranjera?
- No, no, yo trabajo ya.
- ¿Ya trabajas? ¿Pero cuántos años tienes?
- Tengo veintitrés años.
- ¿Ah, sí?
- Oye, de dónde eres? Tu acento no es de aquí.
- Soy de Málaga, pero vivo aquí con mis padres.
- Ahh… Por cierto, yo soy Mario.
- Y yo Cristina.
- ¿Y qué estudias, Cristina?
- Electromecánica de automóviles.
- ¡Uy! ¡Qué complicado! Oye, ¿nos vemos más tarde para tomar algo?
- Claro, genial, ¿cuál es tu número de teléfono?
- Es el 648 18 23 15. ¿Tienes correo electrónico?
- Claro, es cristina_21@hotmail.com.
- Vale, entonces hablamos más tarde. Chao.
- Hasta luego.

10 a ▶▶ 28

- … A ver quién está aquí tomando café… Hola, buenos días.
- Buenos días, hola…
- … Tengo aquí a nuestro nuevo compañero del departamento de ventas, Antonio. Antonio, este es Jorge, del departamento de personal. Lleva la organización de…
- … de seminarios para los empleados.
- Ah, sí.
- … Soy auxiliar administrativo. Encantado, Antonio, bienvenido.
- Mucho gusto.
- Y este es Daniel, el responsable de sistemas, trabaja en el departamento de informática, claro.
- Hola, Antonio, encantado.
- Hola.
- Y por último Ana, ¿verdad? Ana hace unas prácticas en el departamento de Marketing. Ana y tú sois responsables de contactar con empresas.
- Hola, ¿qué tal?
- Antonio va a llevar la organización de eventos.
- ¡Ah, qué bien! ¡Qué interesante! Ajá.

Etapa 1

d ▶ 29
- Hola, buenos días.
- Buenos días. Soy Marta Castro, de la empresa Calvo. Tengo una reserva a nombre de la empresa.
- Ah, sí. Un momento, por favor. Sí. Marta Castro, dos noches. Aquí tiene la llave.

3 Familia y compañía

3 b ▶ 30
La empresa Carmencita tiene casi 100 años de historia. En esta empresa familiar trabajan actualmente 180 empleados con la misma pasión por las especias que su fundador, Jesús Navarro. Sus productos, de una calidad excelente, están en las tiendas y supermercados de 35 países, desde la India hasta los EE.UU. La fábrica, equipada con la tecnología más moderna, está en la ciudad de Novelda, en la provincia de Alicante, a unos 160 kilómetros de Valencia. Con más de 150 productos en su catálogo, Carmencita es una de las empresas familiares de España líder en su sector.

5 d ▶ 31
1. Es muy buena y original y su cocina combina perfectamente tradición y vanguardia.
2. Es muy amigo de sus amigos. Es una persona excelente.
3. Es muy perfeccionista, pero tranquila.
4. Son muy críticos con su trabajo.
5. Es un jefe muy bueno y muy comunicativo.
6. Tiene ya más de 70 años, pero es muy activo y tiene muchas ideas.
7. Son muy simpáticos y muy profesionales.
8. Es una mujer guapa por dentro y por fuera.

10 a ▶ 32
- El día 15 es el cumpleaños de Marta. ¿Ideas para su regalo?
- Bueno, ¿chocolate?
- ¡Otra vez chocolate! Muy original, Juan, de verdad…
- Bueno. A ver… A Marta le gusta mucho la música. ¿Un CD? ¿Una entrada para un concierto de música clásica?
- También le gusta mucho la fotografía, pero ya tiene una cámara digital. ¿Y una entrada para una exposición de arte?

- Pues no sé. También le gusta viajar y hacer deporte. Uff. Lo pensamos y hablamos en la cafetería luego.

10 b ▶ 33
- Marta, ¿tienes un momento? Estamos en la sala de reuniones.
- Sí, ya voy, un segundo solo.
- Cumpleaños feliz, cumpleaños feliz, te deseamos, Marta, cumpleaños feliz.
- Uyyy, qué sorpresa. Muchas gracias.
- Esto es para ti.
- Pero si no es necesario… ¡Anda! Un CD de Shakira. Me gusta mucho. Gracias, de verdad.

4 Comida de negocios

3 a ▶ 34 – 36
1.
Yo no como carne: ni pollo, ni cerdo, ni ternera. Y tampoco como pescado. Pero no soy muy estricto: sí como huevos y claro, productos lácteos. ¿Que si es difícil ser vegetariano? Para mí no: me gustan mucho las verduras y la fruta. El problema es que viajo mucho y muchos restaurantes no tienen menús para vegetarianos.

2.
Yo como de todo: es lo mejor si practicas deporte de forma profesional. Eso significa que todos los días, yo me tomo mi carne o pescado, con arroz o patatas, mi vaso de leche, mis raciones de frutas y verduras. Y tengo que beber mucho, pero claro, no puedo beber alcohol, ni café, ni té, ni coca-cola. Ay, con lo que me gusta a mí la coca-cola.

3.
Yo como igual que mis padres y mis abuelos, vamos, mucha verdura, mucho pescado, poca carne, vino en la comida… Y claro, cocino con aceite, no cocino con mantequilla. Es que soy alérgica a la leche. No puedo tomar productos lácteos.

7 b ▶ 37
- Mesón de Pedro, dígame.
- Hola, soy Silvia Orol, de Iberia.
- Buenos días, ¿qué desea?
- ¿Tiene una mesa libre para el lunes?
- ¿Para cuándo? Por la noche está lleno.
- No, no. Es para la comida.

- ¿A qué hora? ¿A las dos?
- No. Mejor a la una y media.
- Muy bien. ¿Para cuántas personas?
- Son dos personas. ¿Hay menú del día?
- Sí, claro, lo tenemos todos los días.
- ¿Cuánto cuesta?
- Son 12 € por persona.
- Bien, perfecto.
- ¿A nombre de quién reservo?
- A nombre del señor Antonio Losada.

Etapa 2

c ▶▶ 39

Hola, llamo de la empresa Sogama de León. Tenemos una visita reservada a nombre de Lucía Romero para el 20 de abril por la tarde. Hay un cambio, no son 10 personas. Solo vamos 8. Para cualquier cosa les dejo nuestro teléfono: 987 67 96 54.

5 Por la ciudad

4 a ▶▶ 41 – 44

1.
- ¿Nos puede recomendar un lugar para comer?
- Bueno, yo no vivo aquí, pero hay un bar de tapas, "La Mureneta", que me gusta mucho. Está cerca, en el casco antiguo. Es muy tranquilo y barato.

2.
- ¿Qué lugar para relajarse nos puede recomendar en Barcelona?
- Uff… a ver. Bueno, a mí me gusta pasear por el parque de Les Corts. Está en el centro de la ciudad y no hay miles de turistas como en el Parque Güell. Es tranquilo, puedes leer un libro o simplemente no hacer nada…

3.
- ¿Alguna idea para cenar con clientes?
- ¿Con clientes? Pues… Bueno, hay un restaurante de moda, El Ávalon, que está en el Barrio del Born. Tienen menús para grupos y se come muy bien.

4.
- ¿Qué lugar es bueno para ir de compras?
- Seguro que los centros comerciales no. En todos están las mismas tiendas. Por suerte, en Barcelona también hay tiendas pequeñas y muy originales. Mis tiendas favoritas están en el barrio de Gracia.

7 a ▶▶ 45
- ¿Sí?, ¿dígame?
- Hola, buenos días, Jorge, soy Marta Rodríguez, de las oficinas de Santa Cruz.
- Hola, Marta. ¿Qué tal todo?
- Bien, bien. Mucho trabajo…
- Ya, como siempre.
- Eh… Oye, la reunión es el jueves, pero voy ya mañana a Madrid. Así, podemos mirar juntos la presentación. ¿Te parece bien?
- Por mí, no hay problema: mañana tengo tiempo.
- Bien. Mi avión llega a las diez y media. Tomo directamente un taxi y a eso de las once y media…
- ¿Un taxi? No, no, con el tráfico que hay aquí en Madrid. Imposible. Tienes que tomar el metro, es muy fácil. Te explico. ¿Tienes algo para escribir?
- Sí, espera.

7 b ▶▶ 46
- Mira, en el aeropuerto tienes que tomar la línea 8 en dirección a Nuevos Ministerios.
- Bien.
- Vas hasta Colombia, son seis estaciones. Allí cambias a la línea 9 y bajas en Príncipe de Vergara.
- Ajá, cambio a la línea 9 y bajo después en Príncipe de Vergara. De acuerdo.
- Entonces, desde la estación solo tienes que ir a pie unos 200 metros.
- Ah, pues sí, sí que es fácil. Gracias.
- De nada. Nos vemos mañana entonces. Ah, y si tienes un problema, me llamas, ¿eh?
- Sí, claro.

9 b ▶▶ 47 – 50
1.
- Perdón, por favor, ¿sabe dónde está el cajero automático?
- Sí, entre la cafetería y el ascensor.

2.
- Juan, ¿nos tomamos un café?
- Un momento, tengo que escribir unos correos electrónicos y vamos.
- Un momento, un momento. Seguro que necesitas media hora. Te espero en la cafetería.
- Vale, vale. Oye, ¿dónde está la cafetería?
- Enfrente del restaurante.

3.

● Oiga, perdone, ¿sabe dónde hay una zona wifi por aquí?

○ Creo que hay una delante de la sala de prensa.

4.

● Perdón, ¿dónde están los servicios?

○ A ver… Eh… Sí, están muy cerca. Detrás del punto de información.

6 Viajes de negocios

4 a ▶ 51

● Buenos días. ¿En qué puedo ayudarles?

○ Pues mire, queremos salir unos días de la ciudad. Necesitamos descansar.

● ¡Qué buena idea! ¿Tienen alguna preferencia especial?

■ Yo prefiero un hotel en la costa. A mí me encanta la playa. Pero tiene que estar cerca de aquí: no tenemos muchos días.

○ Sí, y también cerca de las montañas. Me gustan muchísimo las montañas. Pero por favor, una zona sin turistas, no nos gustan nada los lugares con mucha gente.

● Eso no es problema. Hay lugares muy bonitos cerca. Perfectos para un fin de semana y cerca del mar y de la montaña. ¿Les interesa hacer deporte también o prefieren un lugar solo para descansar?

■ Sí, claro. A los dos nos encanta hacer deporte: hacer senderismo, salir en bicicleta…

○ A mí me interesa hacer excursiones, conocer lugares nuevos. Pero los hoteles con spa me encantan, la verdad.

■ A mí no. Lo importante es la tranquilidad, a los dos nos gustan los hoteles tranquilos y no nos gusta el ruido. En eso estamos de acuerdo.

● Entonces les puede interesar un hotel a treinta minutos de aquí. Es muy tranquilo. Pueden hacer excursiones y disfrutar de la naturaleza.

6 a ▶ 52

● Buenos días, en qué puedo ayudarle?

○ Quería reservar seis habitaciones dobles y cinco individuales.

● ¿Para qué fechas?

○ Del 20 al 23 de mayo. Son tres noches.

● Ajá. ¿Para cuántas personas?

○ Son en total 17 personas. Necesitamos también una sala con proyector.

● Sí, todas las salas lo tienen, y además disponen de Internet y aire acondicionado.

○ ¿Me puede decir si el catering para la sala está incluido en el precio?

● No, lo siento, no está incluido, pero le puedo enviar algunas ofertas.

○ Perfecto, muchas gracias.

10 a ▶ 56 – 58

1.

¿Mi último viaje? Pues he estado en Andalucía, en Granada. He ido sola. No he visto nunca algo tan bonito como Granada en abril. ¿Qué he hecho? He visitado la Alhambra, claro… Y además he paseado mucho, y hasta he tenido tiempo para ir a un concierto. Ha sido casi perfecto. Lo único malo ha sido el hotel: me han dado una habitación al lado del ascensor.

2.

Este año he ido en febrero a Chile. ¿Por qué a Chile y por qué en febrero? Pues porque tengo amigos allá y en febrero son vacaciones. La verdad es que viajo siempre con un grupo de amigos. Nos encanta hacer deporte. Hemos estado primero en la costa y hemos hecho surf. Pero también hemos ido a los Andes. Ha sido una experiencia fantástica.

3.

Esta semana hemos estado en Bogotá mi jefe y yo. No he visto nada de la ciudad, solo las oficinas de la empresa. Hemos estado todos los días en reuniones y no hemos tenido tiempo para visitar la ciudad. Los colegas colombianos nos han dicho que la ciudad es preciosa en abril, pero no he visto nada de nada. Una pena.

Etapa 3

d ▶ 59

● Hotel La Casona, dígame.

○ Hola, buenos días. Sí, mire, es que estoy en la Plaza de España, pero no sé cómo llegar desde aquí al hotel.

● ¿En la plaza de España? Pues muy fácil. Tiene que seguir todo recto, después girar a la izquierda en la primera calle y otra vez a la derecha en la Avenida de Francia. Al final está nuestro hotel.

○ Ajá. Todo recto, primero a la izquierda y después a la derecha.

● Exacto.

7 El día a día

2 b ▶▶ 60 – 63

1.
- ● ¿Me puedes ayudar con una traducción? Tú sabes chino, ¿no?
- ○ Sí, un poco. Puedo intentarlo.

2.
- ● Perdona, ¿puedo cerrar la ventana?
- ○ Sí, claro.

3.
- ● ¿Sabe usted qué precio tienen las fotos?
- ○ No lo sé, pero puedo mirar en Internet.

4.
- ● ¿Sabes usar el nuevo programa de mail?
- ○ Sí, ya lo he usado.

7 a ▶▶ 64
- ● Hombre, Juan, ¿qué haces por aquí? ¿No estás de vacaciones?
- ○ Sí, sí, es que he olvidado una cosa.
- ● Vaya, hombre. Pero cuenta, ¿qué tal el primer día sin trabajo?
- ○ Pues la verdad es que fenomenal. Después del programa no he ido a la reunión: he ido directamente a casa para desayunar con mi familia. ¡Qué maravilla! ¡Cuánto tiempo hace que no desayunamos todos juntos, sin hablar de trabajo! Y luego he leído el periódico con toda tranquilidad…
- ● Ja, ja, no me lo creo. ¿Tú tranquilo?
- ○ Pues sí. Ha sido un día muy tranquilo. He hecho deporte como todos los días, pero no he comido. Eso sí, me he acostado a las dos y he dormido toda la tarde.
- ● Qué diferencia, ¿no?
- ○ Pues sí, me he levantado a las nueve para cenar con los niños, pero me he dado cuenta de que he dejado aquí la tablet.
- ● Vaya, hombre, qué mala suerte.

10 b ▶▶ 70 – 74

1.
- ● ¿Ves a ese que está trabajando y comiendo al mismo tiempo?
- ○ Sí, ¿quién es?
- ● Roberto, nuestro experto en informática.
- ○ Parece un poco antipático, ¿no?
- ● ¡Qué va! Está todo el día con sus aparatos, pero es muy buena gente.

2.
- ● Mira, la que está entrando ahora mismo es la directora.
- ○ ¿La rubia? ¿Esa es la jefa?
- ● Sí, sí, esa.
- ○ ¡Qué joven!

3.
- ● Esos de ahí delante son los representantes internacionales. Han venido a un encuentro y están solo esta semana.
- ○ ¿Los del teléfono?
- ● Ay, pues sí, es verdad que están todos con sus teléfonos.

4.
- ● Y hay que pagar en la caja, con la tarjeta que te han dado.
- ○ Y la caja está…
- ● Ahí mismo. Por cierto, las chicas que están pagando están haciendo unas prácticas.
- ○ Ajá.

5.
- ● Ahí está Claudia, la secretaria, y la persona más importante si tienes problemas.
- ○ ¿Dónde?
- ● Es esa señora mayor, que está tomando café, al lado de Roberto. ¿La ves? Ven, que te presento… Mira, Claudia, esta es Alicia…

8 Mi agenda

2 b ▶▶ 75 – 77

1.

Buenos días, Luis. Soy Lucía Torres, del departamento de personal. Tenemos que hablar del informe de prácticas. Esta semana voy a estar solamente en la oficina hoy y mañana. ¿Cuándo podemos vernos?

2.

Hola, Luis, soy Carlos. Mira, voy a estar en Valencia de jueves a domingo. ¿Vas a estar en la ciudad o tienes ya planes para el fin de semana? ¿Qué tal si vamos a cenar? ¿Me llamas?

3.

Hola, Luis. Soy Ricardo. Oye, que tenemos que organizar la visita a la empresa Pantex. Tengo tiempo el miércoles o el jueves por la tarde. Hoy no estoy en la oficina, pero puedes escribirme un emilio o llamarme al móvil.

5 b ▶▶ 80

● Mira, no tengo nada que ponerme para la entrevista.
○ Bueno, Ana, la verdad, eso de que no tienes nada, nada. Si en tu armario hay más ropa que en una tienda.
● Bueno, pero es que es una entrevista muy importante. No sé… ¿Qué tal este traje negro con una blusa blanca?
○ ¿La verdad? Aburrido.
● Gracias, vaya ayuda. ¿Y ese vestido?
○ ¿Cuál? ¿El de flores? Yo no sé mucho de moda, pero es… como de los años 60.
● Pues a mí me gusta y además, perdona, pero es un poco más moderno.
○ ¿Y algo un poco menos clásico que el traje, pero un poco más formal que el vestido? Por ejemplo, esta falda gris me gusta.
● No, falda no. ¿Y esos pantalones?
○ ¿Los de rayas?
● No, los otros. Son elegantes y muy cómodos, quizá con una blusa y este jersey.
○ Mmm, bien. Serio, pero no aburrido. No está mal.
● Pues nada. Ya está.

9 a ▶▶ 81–83

1.

● Hola, buenos días.
○ Hola, buenos días. ¿A qué piso va?
● Al 15, gracias.
○ Vaya mañanita, ¿eh? ¡Qué frío hace!
● Pues sí, para ser el mes de abril hace todavía mucho frío…

2.

● Y este es Joan Ferrer, de Barcelona.
○ ¿De Barcelona? ¡Qué partido tan bueno el de Messi, eh!
■ Pues sí, este año el Barça gana la liga, seguro.

3.

● Hola, Julia, ¿vas también a la reunión?
○ Sí, es en la sala 321, ¿no?
● Sí, eso creo. Oye, por cierto, qué simpático es el nuevo compañero, ¿ya lo conoces?

Etapa 4

c ▶▶ 84

● En Cuba es común dormir en casas privadas. Hoy estamos en Santiago de Cuba en casa Rosales y hablamos con Manuel, su propietario. Hola, Manuel.
○ Hola, bienvenidos a mi casa.
● Manuel, tú eres profesor de Física, ¿de dónde viene la idea de ofrecer habitaciones en tu propia casa?
○ Bueno, aquí el dinero viene fundamentalmente del turismo. Mira, el sueldo medio es de unos 15 dólares al mes y con eso no se puede vivir. Soy profesor universitario de Física, pero gano más dinero ahora con el alquiler de habitaciones, que de profesor universitario.
● ¡De verdad! ¿Cuánto cuesta una noche?
○ La habitación para dos personas con desayuno cuesta 30 dólares.

9 Momento de cambios

2 b ▶▶ 85

● ¿Qué tal, Carla? ¿Cómo vas?
○ Un poco estresada. Son tantas cosas con la mudanza…
● Tranquila, mujer, poco a poco. ¿Has visto ya algún local interesante?
○ He mirado algunos anuncios. Necesitamos una oficina luminosa y grande entre 130 y 150 metros cuadrados…
● Con mucha luz sí, pero ¿tan grande?
○ Bueno, necesito un despacho para mí, otro para la secretaria, una recepción y una sala de reuniones, una cocina…
● ¿Una cocina?
○ Sí, una cocina pequeña, pero equipada, y las paredes de verde.
● ¿Verde? ¿Por qué verde?
○ Verde, por el feng-shui.
● Ajá. ¿Y los muebles? ¿Te llevas algo de la otra oficina?

○ Solo mi silla, es tan cómoda y grande y seguro que no encuentro otra igual. Pero vamos, el resto de los muebles los compramos nuevos.

● Ajá, ¿y en qué zona estás mirando?

○ Lo ideal es una zona comercial, pero el problema es que el centro es muy caro.

● Claro, y supongo que no tienes mucho presupuesto.

○ La verdad es que no, con la crisis ya sabes. Busco algo barato.

4 b ▶▶ 86

● Sí, dígame.

○ Buenos días, llamo para informarme sobre la oficina que alquilan.

● Ah sí, claro. Dígame, ¿en qué puedo ayudarle?

○ He leído que es un edificio de oficinas en la zona comercial. ¿Es un edificio moderno?

● Sí, es un edificio totalmente nuevo, del año 2010.

○ Entonces supongo que está totalmente reformado, ¿verdad?

● Exacto, todas las oficinas son nuevas, muy luminosas y exteriores. Además disponen de conexión a internet y aire acondicionado.

○ ¡Qué bien! El alquiler es un poco caro. ¿Están incluidos los gastos de comunidad?

● Sí, los gastos de comunidad están incluidos.

○ ¿Hay que pagar una fianza?

● Sí, un mes de alquiler.

○ De acuerdo. La verdad es que suena muy bien. ¿Cuándo puedo ver la oficina?

7 a ▶▶ 87–89

1.
Este es mi primer trabajo y en general me gusta: tengo compañeros simpáticos, hago muchos viajes de negocios, conozco a mucha gente interesante. Pero la verdad es que antes tenía más tiempo libre y era más flexible, por ejemplo, para ir de vacaciones. Es verdad que antes no ganaba tanto dinero, pero de alguna manera, mi vida era más interesante.

2.
● ¿Cómo es vuestra vida con el niño?

○ Estrés, estrés, estrés. Es muy bonito tener un hijo, pero es verdad que antes teníamos mucho más tiempo libre. Podíamos hacer muchas cosas, salíamos con los amigos y, sobre todo, podíamos dormir muchísimo más. Ahora preferimos quedarnos en casa y en nuestro tiempo libre dormir.

3.
Ya no trabajo. ¿Que si ha cambiado algo? Claro. Antes tenía mucho estrés, estaba todo el día en reuniones y hacía muchos viajes de negocios. Ahora los días son muy largos, pero por fin hago lo que me gusta. Tengo todo el tiempo para mí.

12 c ▶▶ 90

● Hoy tenemos con nosotros a la profesora Julia Alarcón, para hablar de los principales cambios del mundo laboral en los últimos 50 años. Señora Alarcón, bienvenida. ¿Cuáles son esos aspectos?

○ Uno de los aspectos es sin duda la movilidad. En los años 60 y 70 la mayoría de los trabajadores empezaba a trabajar en una empresa y se quedaba en ella. Hoy en día esto ha cambiado y es normal mudarse por motivos profesionales.

● Me imagino que el papel de la mujer es otro de los aspectos que más han cambiado.

○ Exacto. Es evidente que antes había menos mujeres que trabajaban, pero sobre todo, y esto es quizá lo más relevante, hoy hay más mujeres en puestos de responsabilidad y dirección. Antes, prácticamente no había mujeres en puestos directivos.

● ¿Y cómo ha cambiado la forma de trabajo?

○ Bueno, las nuevas tecnologías han hecho posible una forma de trabajo más flexible. Antes de la aparición de Internet había muchos trabajos que solo se podían hacer desde una oficina y no en casa. Hoy en día por ejemplo, el teletrabajo es una realidad, ya que mucha gente trabaja desde su casa.

● ¿Y trabajamos más o menos que hace 50 años?

○ Pues en muchos países en general la jornada laboral es hoy más corta y hay también más tipos de contratos: todo el día, medio día, por proyecto…

● ¿Y las exigencias para los puestos? ¿Han cambiado también?

○ Claro. La movilidad y también la globalización de las empresas exige ahora mayor formación de los empleados. Hoy se necesitan trabajadores cualificados, con una buena formación y especialización y por supuesto, con más de un idioma extranjero.

● En resumen, ¿hoy trabajamos en más puestos y por más dinero?

○ No, no es tan fácil. Es verdad que los salarios y las condiciones de trabajo han mejorado mucho…

10 Llegar a la meta

8 b ▶▶ 91

● Buenos días, Sra. Rubio. Mi nombre es Ángela San Martín, soy la encargada de la selección de personal. Si le parece, vamos a hablar primero de su experiencia. Cuénteme un poco…

○ Sí, bueno. Mi formación la realicé en la Universidad de Barcelona.

● Ajá.

○ Después hice unas prácticas de tres meses en la empresa Global Facility.

● Ah, muy bien.

○ En 2008 empecé a trabajar en CGM Asesores, llevando la agenda de los directores. Desde 2012 trabajo en Powerview, una empresa de productos informáticos. Ahí he tenido la posibilidad de ampliar mi experiencia en el área de contabilidad. Soy responsable de la gestión contable de la empresa.

8 d ▶▶ 92

● Bien, para este puesto necesitamos a una persona con un alto nivel de inglés hablado y escrito. ¿Ha hecho cursos de idiomas en el extranjero?

○ Sí, fui a Inglaterra en 2006, después de mis estudios. Allí hice un curso intensivo de inglés comercial.

● Veo que ha trabajado en dos empresas. ¿Por qué quiere dejar su puesto de trabajo actual?

○ Por razones familiares. Actualmente trabajo en Zaragoza, pero quiero volver a Barcelona. Aquí nací y aquí vive mi familia.

● Claro, claro. En nuestra empresa se organizan muchas presentaciones de proyectos y productos. ¿Sabe hablar en público? ¿Ha tenido que hacerlo alguna vez?

○ Sí, lo he hecho muchas veces. Como le he comentado, de 2008 a 2012 trabajé en una asesoría fiscal. Allí tuve la oportunidad de hacer presentaciones para los clientes en inglés.

● Y dígame, ¿por qué quiere trabajar para nuestra empresa?

○ Esta es una empresa importante y además quiero ser parte de un buen equipo de trabajo.

● ¿Y cuáles cree que son sus puntos fuertes para un puesto de este tipo?

○ Soy una persona organizada y estoy acostumbrada a trabajar de forma autónoma. Además, tengo experiencia como secretaria en diferentes sectores.

● Bien, pues eso es todo. Muchas gracias y ya nos pondremos en contacto con usted.

○ Gracias. Adiós.

● Adiós.

Etapa 5

d ▶▶ 93

La cadena de supermercados Mavisa ha comprado 50 supermercados de Mercatón en Valencia como parte de su estrategia de expansión.

Según declaraciones a esta radio de su fundador y presidente Lorenzo Robles, Mavisa no tiene entre sus planes comprar más supermercados en el resto de España.

Con la compra de estos nuevos supermercados, la empresa familiar Mavisa emplea actualmente a más de tres mil personas.

Vocabulario por lecciones

Indicaciones para la consulta:

1. Las palabras y expresiones se introducen en el orden en el que aparecen en la lección.
2. Existen dos tipos de entradas para los sustantivos y adjetivos:
   /a: La terminación femenina se añade al masculino, p. ej. señor/a = señor / señora.
   /-a: La terminación femenina sustituye a la masculina, p. ej. amigo/-a = amigo / amiga.
3. En los verbos con presente irregular se incluye una referencia al grupo al que pertenecen: *(g), (i), (í), (ie), (ú), (ue), (y), (zc)*. En los verbos conjugados se indica el infinitivo.

Abreviaturas:

f = femenino
LA = variante latinoamericana
m = masculino
pl = plural

F = Mi ficha
R = Revista de negocios
C = Comunicación
G = Gramática
J = Juego

El primer día

el primer día
el día
saludarse
presentarse
la pronunciación
1 ¿Cómo te llamas? *(llamarse)*
  a lee
  y
  escucha
  marca
  los saludos
  ¿Qué significan…?
  en tu idioma
  el idioma
  hola
  buenas tardes
  la tarde
  me llamo *(llamarse)*
  ¿y usted?
  soy *(ser)*
  ¿y tú?
  ¿Qué tal?
  buenos días
  b saluda a tres personas
  la persona
  de la clase
  pregúntales

cómo se llaman *(llamarse)*
saludar
buenas noches
la noche
¿Cómo se llama usted? *(llamarse)*
  c clasifica
  las siguientes expresiones
  la expresión
  las despedidas
  ¿Conoces más? *(conocer)*
  hasta luego
  hasta la próxima
  hasta la vista
  adiós
  hasta pronto
2 ¿Cómo se pronuncia? *(pronunciar)*
  a estas empresas españolas y latinoamericanas
  la empresa
  las que conoces *(conocer)*
  compara
  con tus compañeros
  Zara
  Aerolíneas Argentinas
  Telefónica
  Turespaña
  Banco Gallego
  NH Hoteles
  Televisa
  Desigual
  Renfe
  Jamón Cinco Jotas
  Chupa Chups
  Queso García Baquero
  Banco Central del Uruguay
  Apartplaya
  Cerveza San Miguel
  b relaciona
  el sector correspondiente
  luego
  comprueba
  la moda
  la alimentación
  el turismo
  la comunicación
  el transporte
  el banco
  c fíjate en
  la pronunciación de las palabras
  la palabra
  las letras que se pronuncian
  la letra
  de forma diferente
  como
  el inglés

delante de

LA (Latinoamérica)

la combinación

no

el alemán

fuerte

a principio de palabra

suave

entre vocales

la vocal

igual

a final de palabra

d estos eslóganes

el eslogan

¿Quién los dice…? *(decir)*

sin equivocarse

¿Quién los lee…? *(leer)*

más rápido

Muñecos Cariño para niñas
   y niños

Erre que erre ruedan las
   ruedas de Renfe

Jamás comerás un jamón
   como el jamón de Jabugo

Zapatos Zapata para
   el cine, la cena y la plaza

Naranjas de Sevilla,
   un sabor que maravilla

Chicos y chicas chupan
   Chupa Chups

1 Mis metas

la meta

preguntar por

el significado

los números

hablar del origen

el origen

los motivos

para estudiar español

el español

1 ¿Qué…?

es *(ser)*

España

a mira

esta publicidad

para promocionar

qué aspectos representa
   (representar)

el aspecto

el arte

no solo

está *(estar)*

en los museos

el museo

el / la cocinero/-a

el / la arquitecto/-a

mejor

el equipo de fútbol

el fútbol

la cultura

la gastronomía

el automóvil

la industria

el deporte

la fiesta

la música

la tecnología

la naturaleza

b Escucha a estas personas.

para ellas

subraya

las palabras que oyes *(oír)*

en la lista anterior

los resultados

un/a compañero/-a

c el mundo hispanohablante

para ti

haz

una lista

tus ideas

preséntala

¿Cuál es…? *(ser)*

la palabra más nombrada

para mí

2 ¿Qué significa? *(significar)*

los titulares de prensa

el titular

la prensa

a relaciónalos

las fotos

de arriba

el éxito

las grandes empresas

el e-comercio

el hotel

el número

1 (uno)

el sector del turismo

la paella

la tapa

la comida española

el / la protagonista

un evento gastronómico

la exposición de arte

la imagen

el museo del Prado

la potencia mundial

el tenis

el baloncesto

¿Es buena la imagen de
   España?

las redes sociales

la red

la página web

la página

los productos bio

el producto

la nueva campaña de
   publicidad
Mango
1,3 millones de euros
para
el Plan de Marketing
la ciudad de Barcelona
b otra vez
las palabras que entiendes
   (entender)
c en grupos de tres
el grupo
pregunta por
creo que… *(creer)*
significa *(significar)*
sí
no
no sé *(saber)*
más
las frases útiles
la frase
para la clase
p. (la página)
d puede haber *(poder)*
varias opciones
la opción
coinciden *(coincidir)*
vuestras clasificaciones
la clasificación
la economía
3 el sustantivo
a completa
la tabla
añade
un ejemplo más
para cada caso
¿Puedes reconocer…? *(zc)*
el género
por la terminación
¿Cómo se forma el plural?
   (formar)
masculino
femenino
el singular
el plural
el / la
el catálogo
ojo
otros sustantivos se
   aprenden *(aprender)*
el artículo
b busca
clasifícalos
según el género
puedes *(poder)*
añadir
también
palabras que ya conoces
   (conocer)
ya
c en cadena

la cadena
una persona dice *(decir)*
una palabra
la siguiente (persona) forma
   (formar)
una palabra nueva
y así sucesivamente
4 mis palabras favoritas
a escribe
diez palabras
que te parecen útiles
   (parecer)
en español
numéralas
del uno al diez
b cada persona presenta
   (presentar)
sus palabras
un/a voluntario/-a las
   apunta *(apuntar)*
¿Cuáles son las palabras
   favoritas…?
las de la clase
5 ¿De dónde eres? *(ser)*
la feria gastronómica
a se celebra *(celebrar)*
el mundo hispano
el mapa
alguno de estos países
el país
¿Qué relacionas con él?
   (relacionar)
¿Con qué países…?
la comida
la bebida
el mate
el café
el taco
b en la inscripción
se presentan algunos
   participantes
el / la participante
¿De dónde son? *(ser)*
c los datos que faltan *(faltar)*
el nombre
d estas preguntas
la categoría
de apellido
el apellido
¿De dónde es usted? *(ser)*
¿De qué empresa?
e las formas del verbo que
   faltan *(faltar)*
la forma
el verbo
ser *(yo soy)*
después
tus datos personales
el pronombre
yo
tú

él / ella

usted

nosotros / nosotras

vosotros / vosotras

ellos / ellas

ustedes

la escuela

los pronombres se usan
  (usar)

enfatizar

o

contrastar

se usa (usar)

tutear

6 ¿Quién es?

a si son verdaderas o falsas

un / una

el / la cantante

Alemania

el jamón

el ron

el artículo indeterminado

b corrige

la actividad

la negación

c en parejas

sobre

adivina (adivinar)

el / la deportista

Holanda

Austria

Suiza

7 la información

pregunta a dos personas

por los siguientes datos

presenta los resultados
  a la clase

8 ¿Para qué…?

usas español (usar)

el / la estudiante de español

la entrada

a la bolsa de intercambio

buscar

anunciar

mi perfil

el perfil

trabajar

la empresa de transporte

hablo

hablar

el holandés

pero

ahora

necesito

necesitar

para hablar por teléfono

el / la cliente/-a

Latinoamérica

busco

buscar

practicar

estudiar

la escuela de idiomas

el francés

el ruso

la clase de español

bien

internacional

unas prácticas

una empresa española

un poco de chino

el chino

participar en

los congresos
  internacionales

el congreso

el / la colega

el / la profesor/a de español

b contesta

la pregunta

su trabajo

más de

c el texto

d cada uno/-a

formular

(cada uno/-a) las hace
  a su compañero/-a

¿Dónde…?

e el motivo

coméntalas

contactar (con)

chatear

mis amigos

el / la amigo/-a

9 después de la clase

a si

hablar del trabajo

el tiempo libre

b tus opciones personales

el móvil

en clase

los amigos
  hispanohablantes

las vacaciones

practicar deporte

escuchar

viajar

a países extranjeros

extranjero/-a

tocar la guitarra

c presentad

los aspectos comunes y
  diferentes

recuerda (recordar)

10 el juego

puedes moverte (poder)

en todas las direcciones

la dirección

la casilla

cada vez

si contestas bien (contestar)

avanzar

¿Quién recuerda...?
  (recordar) _____

11 te toca a ti _____
la carta de presentación _____
la carta _____
la presentación _____
ganar _____
el curso de español _____
tienes que redactar _____
  (tener que) _____
Estimados señores _____
Cordiales saludos _____
el taller _____
la escritura _____
la fecha _____
se pone (poner) _____
a la derecha _____
el saludo _____
se usan dos puntos (usar) _____
dos puntos _____
la despedida _____
la coma _____
después del saludo _____
se escribe mayúscula _____
  (escribir) _____
la mayúscula _____
otras despedidas formales _____
Un cordial saludo _____
Atentamente _____

12 el / la ganador/a _____
te presentas (presentarse) _____
para inscribirte _____
la recepción _____
el / la secretario/-a _____
preguntar por _____
dices (decir) _____
tu nombre _____
el país de origen _____
el origen _____
explicar _____
preparar _____
lo que vas a decir _____
consultar _____
hablan (hablar) _____
muy rápido _____
usa _____

F la ficha _____
aquí _____
poner (g) _____
el resumen _____
personal _____
la lección _____
la gramática _____
útil _____
la estrategia _____
te gusta (gustar) _____

R la revista de negocios _____
la revista _____
los negocios _____
el Mercosur _____
el mercado _____

común _____
la sede _____
la población _____
el lema _____
nuestro _____
el norte _____
el sur _____
la superficie _____
el km² (kilómetro cuadrado) _____
el PIB (Producto Interior
  Bruto) _____
el billón _____
la lengua oficial _____
el portugués _____
el guaraní _____
el país miembro _____
el miembro _____
el país asociado _____
el objetivo _____
integrar _____
mejorar _____
la vida _____
el / la habitante _____
está de moda (estar) _____
tiene (tener) _____
casi _____
450 millones de hablantes _____
el / la hablante _____
la 3ª (tercera) lengua
  más hablada _____
del mundo _____
21 (veintiún) países _____
según _____
el Instituto Cervantes _____
unos 20 millones de
  personas _____
además _____
la 2ª (segunda) lengua de
  comunicación _____
las actividades económicas _____
se habla (hablar) _____
en otros países _____

C expresar _____
hacer (g) preguntas _____
e (delante de i-, hi-) _____
identificar _____

G unos / unas _____
el artículo determinado _____
existir _____
neutro/-a _____
generalmente _____
normalmente _____
la excepción _____
el programa _____
la consonante _____
se aprenden (aprender) _____
el acento _____
último/-a _____
la sílaba _____
lo pierden (perder) _____
el pronombre personal _____

la forma de cortesía
la cortesía
en lugar de
referirse *(ie)* a
los grupos mixtos
los verbos regulares
todos los verbos en *-ar*
se conjugan *(conjugar)*
igual que
las formas se acentúan
　(acentuar)
la raíz
excepto
la 1ª (primera) persona
siempre
antes del verbo

2 Metas profesionales

las metas profesionales
presentar a alguien
el estado
el alfabeto
la edad
el número de teléfono
el correo electrónico
informar sobre
la profesión
el lugar de trabajo
1 el hobby
a la feria de empleo
el empleo
el / la estudiante de
　formación profesional
el / la estudiante
la formación profesional
¿Qué otras…?
pueden interesar *(poder)*
la chica del anuncio
el / la chico/-a
el anuncio
el viaje
el / la guía turístico/-a
el / la auxiliar sanitario/-a
el / la traductor/a
el / la experto/-a en logística
el / la programador/a
el / la recepcionista
el / la comercial de
　exportación
el / la representante de
　ventas
el / la secretario/-a
　internacional
el / la agente de viajes
el / la diseñador/a
el / la empleado/-a de banco
b en qué sector

los profesionales
el / la profesional
la medicina
la banca
c conocéis *(conocer)*
otras profesiones
2 primeros contactos
el contacto
en la feria
a ¿Qué situaciones son
　formales?
la situación
b el diálogo
¿A qué foto corresponde?
　(corresponder)
cada diálogo
los saludos que conoces
　(conocer)
el / la director/a de la feria
bienvenido/-a
mucho gusto
el Mediterráneo
encantado/-a
este/-a es…
el / la señor/a
el / la asistente
¿Cómo está? *(estar)*
Bien, gracias, ¿y usted?
ser de Chile
¿verdad?
representar
¡Qué interesante!
de aquí
c rellena
la tarjeta
los estudios
d ¿Cómo se presenta a
　alguien?
¿Cuándo se dice…? *(decir)*
informal
la reacción
¿Cómo está usted? *(estar)*
muy bien
regular
e las otras dos
reaccionar
3 a hablar de *tú*
hablar de *usted*
b transformad
de la izquierda
4 ¿Cómo se escribe? *(escribir)*
a necesitan deletrear su
　nombre
deletrear
el alfabeto
¿Qué letras…?
se llaman *(llamarse)*
el acento
la diéresis
la mayúscula
la minúscula

sin
c difícil
el vocabulario
deletréala
preguntad por su
significado
si no lo sabéis *(saber)*
5 conocerse *(zc)*
con ayuda de
la ayuda
escribid
vuestros propios datos
representadlo
6 a el futuro
el / la ingeniero/-a
el / la informático/-a
el / la médico/-a
el / la biólogo/-a
el / la contable
el / la policía
el / la vendedor/a virtual
b comenta con
en su trabajo
c el / la representante
d el lugar de trabajo
el laboratorio
la agencia de viajes
el restaurante
la oficina
el hospital
e toma nota (de)
la respuesta
hablar de
¿Qué haces? *(hacer)*
¿Qué hace usted? *(hacer)*
como camarero/-a
el bar
la empresa de automóviles
7 el número personal
a leed
b el número que se forma
(formar)
la cifra
c intercambiar
faltar
¿Cuántos años tienes?
¿Cuántos años tiene?
Tengo… años. *(tener)*
¿Cuál es tu / su número de
teléfono?
el correo electrónico
la dirección
la calle
el número (n°)
la arroba (@)
el punto (.)
el guion (-)
el guion bajo (_)
junto
separado
tener *(g, ie)*

d te interesa *(interesar)*
saber *(yo sé)*
la cosa
hazle preguntas
la tableta
el coche
la moto
el / la novio/-a
la cuenta (en)
el celular *(LA)*
8 la agenda
contestar
la abreviatura
la calle (c/)
la avenida (Av.)
la plaza (Pl.)
9 el perfil profesional
joven
a sus prácticas
vivir
la universidad
gracias a
el departamento de
Marketing
la cadena de hoteles
la experiencia
la hostelería
leer
responder
el correo
colaborar
la organización
escribir
el informe
siempre
aprender
algo nuevo
además
porque
estos días
mi colega
el stand
informar
el / la diplomado/-a
el lugar de nacimiento
el lugar de residencia
el puesto
b la actividad
c la similitud
la diferencia
hay *(haber)*
d correcto/-a
falso/-a
el / la empresario/-a
organizar
la reunión
el seminario
el artículo
el italiano
e corregir *(i)*
10 el / la compañero/-a

a nuevo/-a
¿Quiénes son…?
el personal
la Informática
el / la responsable de
  sistemas
el / la responsable
el / la auxiliar
  administrativo/-a
el / la auxiliar
el / la estudiante en
  prácticas
b qué actividades se hacen
  (hacer)
el / la asistente de dirección
el / la comercial de ventas
ser responsable de
llevar la agenda
vender
el servicio
responder a
asistir a
llevar la contabilidad
describir
la función
11 el organigrama
cread
decidid
presentadlo
12 crear
elige
la tuya
la edad
repasa
te pueden ayudar *(poder)*
a describir
13 la entrevista
haz preguntas
conocer *(zc)*
la identidad
toma notas
antes de
decide
el tratamiento de *tú*
el interés
los recursos
R más que
el tango
el asado
la capital
mil millones
la moneda
el peso argentino
la temperatura máxima
la temperatura mínima
enero
julio
mayor
el productor
el mate
la ascendencia

italiano/-a
la copa del mundo
el premio Nobel
el / la turista
el espectáculo
al día
sino
vos *(LA)*
hablar de *vos*
la familia
la gente joven
en general
la gente mayor
hablar de *usted*
el / la jefe/-a
si ya los conocemos
  (conocer)
damos un beso *(dar)*
entre colegas
dar la mano *(yo doy)*
el / la redactor/a
¿A quién…?
das *(dar)*
G la preposición
la mayoría
una sola forma
decir *(yo digo, ie)*

Etapa 1

la etapa
importante
comprender
el mensaje
la sección
la posibilidad
entrenar
la habilidad
necesario/-a
desarrollar
adecuado/-a
repasar
el contenido
a comprender mejor
piensas que *(pensar)*
estar representado/-a
la biocultura
la lectura
activar
los conocimientos
b el cartel
¿Qué te ayuda a
  entenderlas?
la guía de actividades
del 14 al 17 de noviembre
la edición
el pabellón
el expositor

el precio
el / la adulto/-a
el / la niño/-a
hasta 6 años
gratis
el horario
la cosmética
ecológico/-a
la terapia
la ropa
el calzado
orgánico/-a
la bioconstrucción
rural
la tierra
el festival
la infancia
c ¿Dónde es?
la mediación
d apunta
asociar
relaciónalo
la audición
el esquema
| las instrucciones
la salida
la llegada
conjuga

3 Familia y compañía

Familia y compañía
la familia
la compañía
el carácter
el aspecto
el gusto
el cumpleaños
la cantidad
1 el año de prácticas
a relaciónalas
el comentario
aquí tenéis
¡Qué familia tan simpática!
el / la compañero/-a de clase
el / la compañero/-a de
trabajo
en la playa
tus amigos
b la relación
c el ordenador
la cartera
el álbum
en casa
la casa
la caja
especial
2 Y la familia, ¿qué tal?

a ¿Qué tipo de empresa crees
que es?
creer
el tipo
la empresa familiar
la (empresa) multinacional
la empresa de alimentación
la alimentación
la empresa de cosmética
la cosmética
b la hipótesis
todas las palabras
relacionadas con…
mucha gente
asociar
¿Dónde está…? (estar)
su
el secreto
el amor (por)
la especia
los hermanos
los primos
los hijos
la misma filosofía que…
el abuelo
el / la fundador/a
el producto de calidad
la calidad
la niña del logo
está (estar)
la cocina
muchas familias
la tía
la hija mayor
el símbolo
la tradición
se venden
¿no?
claro
exportar
a toda Europa
nuestros productos
(la) India
(los) Estados Unidos
cocinar
c el padre
la madre
el hijo
la hija
la abuela
el nieto
la nieta
el tío
el hermano
la hermana
los padres
d el / la primo/-a
nuestro / nuestra
vuestro / vuestra
Sr. (señor) Navarro
e el elemento

tomad nota (de)
explicad
al resto de la clase
tener *(g, ie)* algo en común
¿Cómo se llama…?
 (llamarse)
¿Cómo se llaman…?
 (llamarse)
¿Cuántos/-as…?
¿Qué hacen…? *(hacer)*
los abuelos
f considerar
comparad
3 a leedlos
en voz alta
por turnos
cien
mil
b el reportaje
casi
la historia
a unos… kilómetros de
 Valencia
productos diferentes
estar *(yo estoy)*
c el color
con otro (color)
4 pensad en
presentadla
intentar
adivinar
otras informaciones
5 De tal palo, tal astilla
el palo
la astilla
a en familia
la descripción
debajo
el plato
excelente
simpático/-a
alegre
optimista
todavía
la afición
comprar
el mercado
el golf
la cocina
creativo/-a
moreno/-a
alto/-a
delgado/-a
natural
activo/-a
un poco
reflexivo/-a
encantador/a
trabajador/a
b el adjetivo
se refieren a *(referirse)*

el mapa asociativo
c cambiar
d a quién
los dos
6 el carácter
el aspecto
a el contrario
abajo
la característica
te
parecer *(zc)*
la vida profesional
comunicativo/-a
bajito/-a
gordito/-a
guapo/-a
rubio/-a
feo/-a
vago/-a
antipático/-a
pesimista
tímido/-a
triste
el diminutivo
gordo/-a
bajo/-a
b famoso/-a
piensa en
para describirla
los otros
de quién se trata *(tratarse)*
el actor / la actriz
el / la escritor/a
el / la músico/-a
el / la político/-a
la gradación
bastante
c llegar
el aeropuerto
tiene que recogerlo
 (tener que)
te hace preguntas *(hacer)*
del dibujo
el hombre
la mujer
7 a algunas personas
al menos
la ópera
b intercambiad
comprobad
la concordancia
8 ¿Te gusta trabajar en
 equipo?
gustar
el equipo
a descubre
solo/-a
con otros
el proyecto
la opinión
diferente

productivo/-a

caótico/-a

la discusión

ser parte de

la parte

la dinámica

la armonía

los deportes

jugar (ue)

divertido/-a

hacer (g) deporte

me gusta más

constructivo/-a

mis ideas son para mí

la sensación

mucho

individualista

la rutina

no, nada

la mayoría

con respeto

el respeto

de forma clara

claro/-a

la posibilidad

el / la líder

independiente

la cualidad

bueno/-a

hoy

colaborar

esencial

b la regla

el gusto

9 a la columna

adecuado/-a

según tus gustos

la reunión de trabajo

la fiesta de cumpleaños

el cumpleaños

asiático/-a

el teléfono móvil

rosa

en avión

el avión

la fiesta familiar

pasar tiempo con

b hasta encontrar (ue)

no mucho

10 el regalo de cumpleaños

a quieren comprarle (querer)

por su cumpleaños

la conversación

el objeto

se mencionan

mencionar

la fotografía

la arquitectura

b la segunda parte

segundo/-a

di

c explica

con quién

celebrar

en qué mes

el mes

más

enero

febrero

marzo

abril

mayo

junio

julio

agosto

septiembre

octubre

noviembre

diciembre

el uno de abril

el primero de abril (LA)

11 inventad

el árbol genealógico

describid

el miembro

les gusta

al final

la familia más original

original

12 el mensaje

la bienvenida

se presenta (presentarse)

el foro

todos/-as

el marido

el modelo

pequeño/-a

positivo/-a

negativo/-a

conectar

13 él o ella elige (elegir)

elegir (i)

prepara

por escrito

antes de hacerlas

muestra

cuando

¿De verdad?

¿En serio?

R el corazón

Sudamérica

el guaraní

5° (quinto) productor

mundial

la soja

el mayor exportador

la energía

al año

el 80 % de la población

los menonitas

de origen alemán

compartir

la segunda presa más
  grande
la presa
rápido
a veces
largo/-a
de verdad
si no conocemos a esta
  persona
el / la conocido/-a
separar
poco
la vida profesional
la vida privada
el tema de conversación
normal
el / la socio/-a
es habitual preguntar
¿Qué tal la familia?
¿Todo bien?
llamar
G el posesivo
según la persona a la que
  se refieren
terminado/-a en -o

4 Comida de negocios

la comida de negocios
los negocios
la preferencia
la hora
hacer *(g)* una reserva
pedir *(i)*
1 la taza de café
el placer
a la federación
el espresso
el (café) solo
el (café) cortado
el café con leche
la leche
el hielo
el (café) americano
el carajillo
mucha agua
el agua *(f)*
el azúcar
grande
el alcohol
el limón
b tomar
el té
el chocolate
¿Cómo lo tomas?
¿Cuándo?
¿Con quién?
por la mañana

por la tarde
por la noche
frío/-a
caliente
el chocolate
pues
2 comer
de todo
la dieta
el / la español/a
a el gráfico
al día
menos
la carne
la bebida
los (productos) lácteos
la(s) fruta(s)
la(s) verdura(s)
los cereales
el pescado
los productos del mar
el huevo
b la lechuga
la mantequilla
el vino
el tomate
la patata
el pan
la pasta
el plátano
el pollo
el cerdo
el queso
el yogur
la manzana
el zumo
c el cuestionario
el desayuno
la comida
la cena
cinco veces
la vez *(pl veces)*
la tostada
la mermelada
desayunar
beber
el gas
la cerveza
la ensalada
cenar
¿Cuántas veces…?
muchas veces
pocas veces
nunca
todos los días
la frecuencia
casi nunca
d la lista de la compra
la compra
la cantidad
el kilo

el gramo

medio litro

el litro

un kilo y medio

3 a vegetariano/-a

mediterráneo/-a

b ¿Quién las dice? *(decir)*

no poder beber

poder *(ue)*

gustar mucho

ser alérgico/-a (a)

4 a ¿Cómo lo tomas?

el / la vegetariano/-a

el / la alérgico/-a

b las palabras en negrita

la negrita

algo mencionado

c usad

5 los hábitos de comida

recoger

repartir

¿De quién es?

6 la mesa

libre

a el restaurante de comida

  rápida

la comida rápida

el comedor universitario

tradicional

el bar de tapas

b el mesón

el centro

desde… hasta

la tortilla española

a la plancha

el menú del día

la carta

una gran selección

el descuento

de… a

el domingo

el pago con tarjeta(s)

la tarjeta

el cielo

la sopa

el postre de limón

la música en vivo

el salón

a la carta

el jueves

el viernes

el sábado

el bocadillo

la especialidad

de calidad

el ingrediente

la promoción

la oferta

el lunes

el martes

el miércoles

c pagar

abrir

rápido/-a

barato/-a

los domingos

d preferido/-a

elegid

ir a cenar

qué días abre

preferido/-a

7 reservar mesa

a llamar

ordena

dígame

lleno/-a

mejor

a la una y media

desear

¿A qué hora?

la hora

a las dos

a nombre de…

son 12 €

por persona

perfecto

¿A nombre de quién?

¿Cuánto cuesta?

costar *(ue)*

b la llamada

el número

el precio

la persona que reserva

  (reservar)

c dar la hora *(yo doy)*

¿Qué hora marca el reloj?

  (marcar)

¿Qué hora es?

Es la una y media.

Son las dos menos cuarto.

Lo siento. *(sentir)*

sentir *(ie)*

No tengo hora.

en punto

las tres de la tarde

d pregúntale

sumar

el minuto

actual

e el horario

el fin de semana

8 la reserva

cambiar

9 típico/-a

a la tortilla de patata

la ensalada mixta

el helado de limón

el filete empanado

la crema catalana

el gazpacho andaluz

la sopa de pescado

el atún

el arroz

b el orden

el primero

el segundo

c llevar huevo

d informarse sobre

la nacionalidad

alemán/-ana

holandés/-esa

turco/-a

10 b pedir *(i)*

querer *(ie)*

preferir *(ie)*

de primero

de segundo

la cuenta

por favor

ahora mismo

11 b el / la camarero/-a

preparad

representad

la escena

12 la propuesta

por qué

ese/-a

hola a todos

13 decidir

vais *(ir)*

el papel

bueno…

explicarlo

R disfrutar

el sentido

el peso uruguayo

el poder judicial

el carnaval más largo

europeo/-a

la ternera

el divorcio

legal

desde

el territorio

dedicado/-a (a)

la agricultura

depender de

almorzar *(ue) (LA)*

a partir de

la costumbre

la sobremesa

el momento

hablar de todo y de nada

nada

el / la dibujante técnico/-a

C el día de la semana

G el verbo irregular

la expresión temporal

el pronombre de objeto

  directo

sustituyen (a) *(sustituir)*

mencionado/-a

la construcción

la impersonalidad

concordar *(ue)* (con)

suizo/-a

polaco/-a

argentino/-a

peruano/-a

austríaco/-a

portugués/-esa

belga

marroquí

estadounidense

Etapa 2

a la ruta

interesado/-a (en)

el interés (por)

especializado/-a (en)

relacionado/-a (con)

la visita (a)

la bodega

moderno/-a

incluso

la técnica

la elaboración

de un día

la prueba de vino

opcional

eterno/-a

ofrecer *(zc)*

perfecto/-a

el complemento

la bicicleta

el senderismo

todas las regiones

el campo de golf

posible

pasear

ir en bicicleta *(yo voy)*

el viñedo

visitar

la cata de vino

la cata

disfrutar (de)

sugerir *(ie)*

comentado/-a

la lectura selectiva

b te pide *(pedir)*

en qué consiste *(consistir)*

combinar

c el contestador automático

escúchalo

5 Por la ciudad

por la ciudad ....
localizar ....
dar instrucciones ....
la instrucción ....
ordenar ....
moverse *(ue)* ....
el transporte público ....
el camino ....
1 a sabes *(saber)* ....
  b el / la habitante ....
la lengua oficial ....
  c el monumento ....
2 enamorarse ....
  a el título ....
el apartado ....
de todo el mundo ....
atractivo/-a ....
el ambiente ....
cosmopolita ....
la infraestructura ....
el transporte público ....
hay *(haber)* ....
la ruta ....
ideal ....
combinar ....
el turismo cultural ....
otro/-a ....
el lugar ....
popular ....
el edificio ....
de todos los estilos ....
el estilo ....
la obra ....
la iglesia ....
el / la amante ....
todo tipo de ....
el teatro ....
la galería de arte ....
el clima ....
disfrutar de ....
el parque ....
simplemente ....
pasear (por) ....
el barrio ....
el casco antiguo ....
la zona peatonal ....
el concierto ....
el festival ....
al aire libre ....
para todos los gustos ....
en todo el mundo ....
por ....
los Juegos Olímpicos ....
el estadio ....
los alrededores ....
la zona verde ....
el mar ....
la montaña ....
  b escucha ....

el sonido ....
relacionar ....
  c las palabras relacionadas con la ciudad ....
visitar ....
ver ....
  d ¿y a vosotros? ....
¿Qué actividades os interesan? ....
3 a las que se refieren a… *(referirse)* ....
antiguo/-a ....
  b la existencia ....
  c añadid ....
dos aspectos más ....
4 a la recomendación ....
relajarse ....
  b tranquilo/-a ....
de moda ....
la tienda ....
cerca ....
  c pide ....
el consejo ....
5 sin mencionar ....
6 moverse *(ue)* ....
en metro ....
el metro ....
  a mira ....
  b el medio de transporte ....
metro a metro ....
fácil ....
el autobús ....
público/-a ....
moderno/-a ....
el tren regional ....
van al centro *(ir)* ....
ir en metro *(yo voy)* ....
la línea ....
va mucha gente *(ir)* ....
la hora punta ....
lento/-a ....
mucho tráfico ....
con ellos ....
por menos de dos euros ....
ir en coche *(yo voy)* ....
el taxi ....
poco/-a ....
el aparcamiento ....
el problema de tráfico ....
la(s) obra(s) ....
ir en bicicleta *(yo voy)* ....
la bicicleta ....
poco a poco ....
el carril bici ....
ir a pie *(yo voy)* ....
el pie ....
  c el adverbio ....
  d en cadena ....
¿Por qué? ....
caro/-a ....
malo/-a ....

7 a para ir a…
la central
importante
mañana
b las instrucciones
el plano
la estación
cerca (de)
tener que + *inf*
en dirección a
desde
allí
cambiar (a)
bajar
c sin decirlo
describe
¿Adónde…?
el camino
primero
después
próximo/-a
la parada
8 la perspectiva
a la calidad de vida
especialmente
la minería
el salmón
el producto "estrella"
la estrella
chileno/-a
b comenta con
la región
9 a la parte de la frase
saber *(yo sé)*
oyc *(oír)*
oiga *(oír)*
perdone *(perdonar)*
perdón *(m)*
la zona wifi
por aquí
el cajero automático
el servicio
la cafetería
llamar la atención
perdona *(perdonar)*
b Información
la sala de prensa
el ascensor
la parada de taxis
la parada de autobús
c la expresión de lugar
cerca (de)
lejos (de)
delante (de)
detrás (de)
a la izquierda (de)
a la derecha (de)
al lado (de)
enfrente (de)
en
entre… y

d verdadero/-a
la entrada
e pon
vacío/-a
la sala de conferencias
el servicio médico
la sala de reuniones
10 a la descripción del camino
la indicación
girar
seguir *(i)*
todo recto
b cómo llegar
usando
el gesto
traducir *(zc)*
tercero/-a
11 la visita
explícale
el aeropuerto más próximo
Querido/-a…
Saludos
12 los aspectos que le
interesan
te dan seguridad *(dar)*
la seguridad
la palabra clave
corto/-a
R la cima
el boliviano
la lengua indígena
el depósito
la sal
alto/-a
la alpaca
la zona climática
abandonar
el colectivo
el autobús de línea
el minibús
el trufi
el taxi colectivo
el / la mismo/-a
fijo/-a
el / la conductor/a
me bajo *(bajarse)*
la paciencia
muchísimo/-a
el / la economista
C se encuentra *(encontrarse)*
G el uso
nos referimos a *(referirse)*
acompañar
invariable
indicar
la irregularidad
servir *(i)*

6 Viajes de negocios

el viaje de negocios
la habitación
el acuerdo
el desacuerdo
la reclamación
disculparse

1 a el parador
el mirador
el océano Atlántico
la hora (h)
el garaje
el minibar
el gimnasio
la piscina
el spa
el campo de golf
la calefacción
el aire acondicionado
la televisión vía satélite

b pensar *(ie)*

c para ti
reunid

2 el ocio
la actividad de tiempo libre

a lo que hacen estas personas
así que
descansar
el libro
poner *(g)* la televisión
a veces
jugar *(ue)* al tenis
los fines de semana
hacer *(g)* senderismo
los dos
el / la pequeño/-a
empresario/-a
salir *(g)* en bicicleta
nadar
hacer *(g)* footing
salir *(g)* con amigos
la dietética

b clasifícalas
añade
alguno/-a más
decir *(yo digo, ie)*
poner *(g)*
venir *(g, ie)*

3 a escribe

b tener *(g, ie)* algo en común
el acuerdo
tampoco
el desacuerdo
yo sí

4 a le encanta la playa
encantar
la excursión
molestar
el ruido

b (a mí) me

(a ti) te
(a él / ella / usted) le
(a nosotros/-as) nos
(a vosotros/-as) os
(a ellos / ellas / ustedes) les
doble
además de

c ¿Puedes corregirlas?
la tranquilidad
la zona

d hablad
el tema
en grupo
hacer *(g)* camping
exótico/-a

5 el / la compañero/-a de viaje
juntos/-as
en el pleno
el destino

6 a la reunión de negocios
la ficha de cliente
la persona de contacto
las soluciones informáticas
la habitación
la (habitación) doble
la (habitación) individual
el catering
otros
enviar *(í)*

b comprobar *(ue)*
¿Para qué fechas?
disponer *(g)* de
está incluido/-a
¿En qué puedo ayudarle?
quería *(querer)*
el proyector
muchas gracias
cortés

c cambiad
representar
tened en cuenta
la entonación
exterior
interior
ruidoso/-a
la ducha
el baño

7 a más frecuente
frecuente
habla
la toalla
funcionar
amable

b relaciónalos
mire *(mirar)*
es que
estar limpio/-a
¡Cuánto lo siento! *(sentir)*
mandar
el personal de limpieza
proyectar

la presentación

enseguida

el / la técnico/-a

perdón por las molestias

la molestia

está bien

oír *(g)*

no… nada

disculpe *(disculpar)*

las obras

ofrecer *(zc)*

si lo desean

c disculparse

la solución

8 presentar

escribid

representadlo

contestar al teléfono

exponer *(g)*

aceptar

la disculpa

agradecer *(zc)*

te despides

despedirse *(i)*

9 El cliente siempre tiene
   la razón

tener *(g, ie)* razón

a valorar

la estancia

estar satisfecho/-a

en general

la valoración

ha sido *(ser)*

ha elegido *(elegir)*

las instalaciones

la ubicación

ha tenido *(tener)*

la queja

ha podido *(poder)*

solucionar

el servicio

el confort

la limpieza

he estado *(estar)*

cómodo/-a

he recibido *(recibir)*

el trato

sin embargo

esta vez

la variedad

c el tiempo del pasado

el pasado

el perfecto

el infinitivo

haber

el participio

volver *(ue)*

esta mañana

este año

todavía no

d contestar (a)

gracias (por)

en primer lugar

pedir *(i)* disculpas

es cierto que

cierto/-a

causar

esperar

contar *(ue)* (con)

10 b con ayuda de

cuenta

11 la encuesta

busca

presenta

parecer *(zc)*

llegar tarde

el examen

ir a trabajar

dormir *(ue)*

alguna vez

la teleconferencia

el extranjero

la tontería

la carta de reclamación

la reclamación

no… nunca

12 último/-a

para quejarte

quejarse

es verdad que

en espera de su respuesta

les saluda atentamente

menciona

de forma ordenada

ordenado/-a

el servicio de limpieza

p. ej. (por ejemplo)

contrasta

13 confirmar

mostrar *(ue)*

la comprensión

atentamente

comprender

entender *(ie)*

sentirse *(ie)*

si es posible

R el bolívar

Venecia

la tierra continental

Cristóbal Colón

la isla

la reserva

el petróleo

el cacao

el deporte nacional

el béisbol

no vas a escuchar

la crítica

directo/-a

descortés

tomarlo como algo personal

por eso

la explicación

la excusa

ofender

habitual

el / la editor/a

G el pronombre de objeto
indirecto

tónico/-a

átono/-a

resaltar

la acción

dentro de un tiempo

terminado/-a

relevante

el presente

el hecho

conocido/-a

Etapa 3

a el diseño

el público

el contexto

el otoño

la boda

el universo

el detalle

a tu alcance

el alcance

las razones para casarte

la razón

casarse

el espacio

el romanticismo

la profesionalidad

la ventaja

la prueba

gratuito/-a

la noche de bodas

la suite

el precio especial

el / la invitado/-a

exclusivo/-a

por eso

la temporada

la sorpresa

personalizar

el toque

el buffet

la tarta

romántico/-a

vintage

la originalidad

tipo…

el cóctel

asesorar

razonable

b explica

el contenido

saber (yo sé)

d piensa

detallado/-a

J el juego de los barcos

el barco

el tablero

tocado/-a

hundido/-a

7 El día a día

el día a día

la habilidad

la comparación

la rutina diaria

laboral

lo que está pasando

situar (ú) en el tiempo

1 la actividad laboral

a el / la diplomático/-a

el / la directivo/-a de una
empresa

el / la reportero/-a

el / la periodista

el / la abogado/-a

el / la representante
comercial

b realizar

la jornada de trabajo

interpretar

analizar

el periódico

económico/-a

con frecuencia

tratar con gente

hablar en público

el público

asesorar

coordinar

c describe

2 la agencia de publicidad

a la traducción

cerrar (ie)

la ventana

saber (yo sé)

el programa de mail

mirar

c el conocimiento

el permiso

d la habilidad

tomar decisiones

la decisión

el programa informático

e ordénalas

3 a en vuestra opinión

saber hacer

el / la organizador/a de
  eventos
el salario
al mes
el / la (representante)
  comercial
el / la diseñador/a gráfico/-a

b más joven que
más que
tanto como
tanto/-a… como
tan… como
menos que

c comparar
ganar
el dinero

d corregid
menor
mayor

4 a a la semana
el instrumento

b la pareja

c la persona más deportista
deportista
musical
viajero/-a
la superioridad

5 el día de trabajo

a la radio
se ducha
ducharse
levantarse
ir a casa
acostarse *(ue)*
reunirse *(ú)* (con)

c pronto
empezar *(ie)*
la mujer
sobre las diez
la emisora
estar preparado/-a
depender de
las noticias
revisar
todo el programa
el cambio
necesario/-a
en directo
entonces sí que
  desayunamos
sí
juntos/-as
quedarse

d el verbo reflexivo
aparecer *(zc)*
el (pronombre) reflexivo

6 normal

a más temprano
temprano
más tarde

b antes de desayunar

después de cenar
antes del desayuno

8 la rutina laboral

9 el estrés

a chino/-a
lo estoy escribiendo
ahora mismo
el cine
terminar
llevar
los niños
cariño
encontrar *(ue)*

b la forma verbal
el gerundio
la estructura
similar
el gerundio

c escenifícalas
llamar por teléfono

10 a quiénes son los otros
durante un minuto
cierra
recordar *(ue)*

c entrar
el / la experto/-a

d el (pronombre) relativo

e la expresión de lugar

11 uno/-a por uno/-a

12 la preparación
la lluvia de ideas

13 prepara
hacer *(g)* de asesor/a
al revés
con atención
resumir
practica
intenta no leer
interrumpir
sino (que)

R el ojo
el peso chileno
el desierto
seco/-a
el observatorio astronómico
(el / la) más grande
la costa
montañoso/-a
austral
la isla de Pascua
el museo al aire libre
el descanso
al mediodía
el feriado *(LA)*
no está nada mal
el / la autor/a
el festivo

G el documento
el comparativo
peor
en este caso

pasar
en el momento del habla
el momento
el habla *(f)*
la frase relativa

8 Mi agenda

concertar *(ie)* una cita
rechazar
la invitación
la ropa
el tiempo
1 a el encuentro
sustentable *(LA)*
la asociación
b el objetivo
la cita de negocios
planificar
c habitual
2 ¿Cuándo quedamos?
quedar
a privado/-a
la peluquería
el / la gerente
en casa de Silvia
el / la dentista
digital
b el buzón de voz
la visita al cliente
c Sra. (señora) Torres
el (departamento de)
personal
d mirad
encontrarse *(ue)* (con)
3 verse
b proponer *(g)*
gracias por llamar
¿Qué le parece...?
tener ganas (de)
¡Qué pena!
justo ese día
¿Qué tal a las nueve?
c rechazar
de acuerdo
d los otros
la excusa
repetir *(i)*
4 invita
consultad
el taller
el snorkeling
el campeonato
el fútbol sala
5 ¿Qué me pongo?
ponerse *(g)*
la ropa
a el accesorio

unisex
la primavera
el verano
la camisa
a rayas
la chaqueta de cuero
el cuero
las gafas de sol
el vestido
la blusa
blanco/-a
el bolso
las botas
la falda
la corbata
la seda
el traje
los zapatos
el abrigo
la camiseta
el algodón
los pantalones
negro/-a
el jersey
la lana
b la entrevista de trabajo
c aburrido/-a
elegante
deportivo/-a
clásico/-a
extravagante
el demostrativo
el / la hablante
ese/-a
el / la oyente
aquel/la
d fijarse en
darse la vuelta
intercambiar(se)
la prenda
llevar
6 a cada uno/-a de ellos
rojo/-a
amarillo/-a
azul
verde
marrón
gris
naranja
b estar de acuerdo
recomendable
es decir
demasiado
el sector financiero
decidirse por
conservador/a
serio/-a
sugerir *(ie)*
la profesionalidad
convenir *(venir)*
convencional

incluso

la creatividad

la energía

oscuro/-a

la mentalidad

(el) cuidado

con moderación

la moderación

c el armario de ropa

abre

repetirse *(i)*

7 aconsejar

haced

la moda ecológica

8 ¡Qué calor hace!

el calor

el imprevisto

a perder *(ie)* el avión

olvidar

la llave del coche

el despertador

el atasco

b completad

c algunas veces

d por llegar tarde

e el mal tiempo

Fráncfort

hace sol

el sol

hace calor

hace frío

el frío

hay niebla

la niebla

llover *(ue)*

nevar *(ie)*

el vuelo

cancelar

la temperatura

la autopista

f ¿Qué tiempo ha hecho…?

9 la charla

a la política

la religión

la salud

b ¡Qué frío hace!

¡Cómo llueve!

¡Qué partido tan bueno!

subir

la gasolina

la frase exclamativa

d la ficha

la moneda

la cara

la cruz

tirar

últimamente

ir de vacaciones

agradable

el capítulo

la serie

el recuerdo

10 la nota

propón

la fecha

el despacho

ten en cuenta

el registro

haz referencia a

en relación con

justifica

el rechazo

la confirmación

11 concertar *(ie)* una cita

el / la cliente/-a habitual

la explicación

alternativo/-a

tratar temas

tocar un tema

R el peso colombiano

la esmeralda

la producción

cultivar

cosechar

a mano

la soledad

la cumbia

el camino para bicis *(LA)*

el segundo país exportador

la flor

no importa

dar la bienvenida

salir *(g)* a comer

la confianza

la distancia

el / la familiar

C ir a ver a un cliente

a cuadros

de lunares

de flores

G el "futuro próximo"

la perífrasis

señalar

esto

eso

aquello

Etapa 4

a intenso/-a

el / la turista

encabezar

el ranking

la isla

caribeño/-a

según

la Oficina Nacional de
  Estadísticas

nacional

actualmente _____
cuarto/-a _____
Inglaterra _____
América Latina _____
mexicano/-a _____
la posición _____
el / la visitante _____
seguido/-a de _____
el crecimiento _____
geográfico/-a _____
frente a _____
el año pasado _____
América del Norte _____
América Central _____
América del Sur _____
el Caribe _____
registrar _____
el período _____
en total _____
el / la viajero/-a _____
los ingresos _____
turístico/-a _____
superar _____
el dólar _____
Italia _____
la visualización _____
d imagina _____
el / la único/-a _____
propio/-a _____

9 Momento de cambios

el momento de cambios _____
la vida laboral _____
1 b imaginarse _____
la ventaja _____
la desventaja _____
el descanso _____
la flexibilidad de horarios _____
la flexibilidad _____
el horario _____
el control _____
el intercambio de ideas _____
la productividad _____
la intimidad _____
c seguro (que) _____
flexible _____
2 a el local _____
la revista _____
la práctica _____
disminuir *(y)* _____
aumentar _____
el escritorio _____
la puerta _____
la silla _____
el balcón _____
la terraza _____
la pared _____

el mueble _____
el color claro _____
la estantería _____
la luz _____
la lámpara _____
la planta _____
el espacio laboral _____
el espacio _____
c luminoso/-a _____
amplio/-a _____
la cocina equipada _____
amueblado/-a _____
bien comunicado/-a _____
la zona comercial _____
d un criterio más _____
3 dibujar _____
seguir *(i)* _____
4 a el metro cuadrado (m²) _____
la planta _____
situado/-a _____
el acceso a Internet _____
el parking _____
la zona residencial _____
la planta baja _____
b la agencia inmobiliaria _____
c reformado/-a _____
el alquiler _____
los gastos de comunidad _____
hay que *+ inf* _____
la fianza _____
la obligación _____
5 a decidid _____
el estado _____
b el precio máximo _____
6 a la mudanza _____
b mudarse _____
contento/-a _____
desde _____
la verdad es que _____
el caos _____
solo/-a _____
nadie _____
compartir _____
la tarea _____
salir *(g)* a comer _____
la cartera de clientes _____
la responsabilidad _____
¿y por ahí? _____
ahí _____
¿Qué tal todo? _____
Besos _____
el beso _____
d el imperfecto _____
7 antes _____
b todo el día _____
8 cuando _____
a los 15 años _____
pregunta _____
ver la tele _____
los deberes _____
9 el marcador temporal _____

10 **a** el teletrabajo
el / la conocido/-a
b el pijama
el 57 % (por ciento)
el / la trabajador/a
contar *(ue)*
vestirse *(i)*
un estudio
el gobierno
vasco/-a
el / la teletrabajador/a
mejorar
la capacidad
la disciplina
la autoorganización
separar
conseguir *(i)*
brillante
así
continuar *(ú)*
concentrarse
las horas de trabajo
en resumen
la autonomía
la automotivación
una buena dosis de…
la dosis
el autocontrol
adaptar
c la expresión de cantidad
la mitad
d sustituir *(y)* (por)
el porcentaje
11 **a** ser capaz (de)
comentad
tomad notas
b resumid
el argumento
12 **a** cambiar
el teléfono fijo
el telegrama
la máquina de escribir
el archivador
b decide
la actualidad
la jornada laboral
el horario flexible
el puesto directivo
la especialización
13 el mundo laboral
la movilidad
los estudios universitarios
14 estar interesado/-a (en)
esperando su respuesta
15 el / la agente inmobiliario/-a
amablemente
estar convencido/-a
insistir en
R la leyenda
el nuevo sol
según la región

el sitio
arqueológico/-a
la papa *(LA)*
el oro
el cóndor
pasar
la obra de teatro
cantar
el espárrago
el / la extranjero/-a
el dicho
"mi casa es tu casa"
el tópico
invitar
alquilar
el / la gerente de proyectos
C la situación
G el objeto directo
el cuantificador
impersonal
concreto/-a

10 Llegar a la meta

los datos biográficos
la experiencia laboral
1 **a** se buscan quijotes
el Quijote (de la Mancha)
práctico/-a
emprendedor/a
idealista
la iniciativa
b valorar
2 la clave del éxito
a nacer *(zc)*
Nueva York
fundar
el / la compañero/-a de
universidad
dejar
California
la red social
b la biografía
la etapa de la vida
la etapa
el chico de la camiseta
sucio/-a
un día
empezar *(ie)* a
salir *(g)*
la cucaracha
la cafetera
el / la creador/a
el instituto
especializarse (en)
las relaciones
internacionales
la literatura

en esa época

interesarse por

mantener *(tener)*

junto a

el proceso de creación

duro/-a

en la actualidad

las oficinas centrales

c el indefinido

pasado/-a

3 el sueño

a fantástico/-a

el error

realizar

los jóvenes

4 biográfico/-a

a el supermercado

el / la presidente/-a

hacer *(g)* cine

hace más de 50 años

el año pasado

b cambiar de trabajo

mudarse de ciudad

casarse

c menciona

5 la oferta de trabajo

a el / la gestor/a de
  contenidos digitales

el / la diseñador/a web

el / la especialista (en)

el / la presidente/-a de
  la compañía

la recepción

el acta *(f)*

gestionar

se requiere

requerir *(ie)*

experiencia mínima de
  3 años

los conocimientos

avanzado/-a

nivel muy alto de inglés

el nivel

la orientación al cliente

la capacidad de
  comunicación

dinámico/-a

acostumbrado/-a (a)

trabajar de forma autónoma

autónomo/-a

se ofrece

el desarrollo profesional

a cargo de

el / la interesado/-a

el C.V. (currículum vítae)

Recursos Humanos

b completar

dispuesto/-a (a)

convencer

el título universitario

la capacidad de negociación

d da

recomendar *(ie)*

6 a el asunto

la solicitud

publicar

el currículum

el proceso de selección

considerar

organizado/-a

perfeccionar

la secretaria de dirección

el / la asesor/a

la oportunidad

el archivo

la documentación

quedar a su disposición

proporcionar

más detalles

la noticia

b la referencia (a)

la trayectoria

la adecuación

c márcalas

d por última vez

estar enfermo/-a

ayer

7 cubrir un puesto

redactad

8 a la experiencia laboral

el bachillerato

diplomado/-a

el secretariado

la alta dirección

intermedio/-a

el / la usuario/-a

b conseguir *(i)*

el / la jefe/-a de personal

c el curso de idiomas

el punto fuerte

la dificultad

estar casado/-a

e el curso intensivo

el inglés comercial

por razones familiares

la razón

actualmente

f reconstruid

9 a diciendo

b formula

ganar un premio

10 el currículum vítae

siguiendo

11 el requisito

la diplomatura

dirigirse a

el / la destinatario/-a

Muy señor mío

Muy señores míos

12 simulad

el / la candidato/-a

solicitar un puesto

prepárate
mirar a los ojos
el ojo
R el hemisferio
el dólar estadounidense
el hemisferio norte
el hemisferio sur
el cráter
el volcán
habitado/-a
la biodiversidad
el derecho
la Constitución
reconocer *(zc)*
el voto femenino
conviene saber *(convenir)*
por ejemplo
el tabú
directamente
el / la corrector/a
la latitud
la longitud occidental (occ.)
G conservar
el contraste

Etapa 5

a pertenecer *(zc)* a
hacer *(g)* famoso/-a
desconocido/-a
el pan de molde
la coincidencia
comenzar *(ie)*
la Segunda Guerra Mundial
idéntico/-a
iniciar
salir *(g)* al mercado
la fábrica
en su día
la acción
el gigante
la panificación
la planta
el centro de distribución
b cronológicamente

Vocabulario temático

En este apartado puedes encontrar una selección de palabras agrupadas por campos semánticos.

Frases útiles para la clase

¿Cómo se escribe? _____

¿Cómo se pronuncia? _____

¿En qué página? _____

Más alto, por favor. _____

Más despacio, por favor. _____

No entiendo. _____

¿Puede repetir, por favor? _____

¿Puedes repetir, por favor? _____

¿Qué significa? _____

Países y continentes

África _____

América _____

América Central _____

América del Norte _____

América del Sur _____

Asia _____

Australia, Oceanía _____

Europa _____

Albania _____

Alemania _____

Argelia _____

Argentina _____

Austria _____

Bélgica _____

Bolivia _____

Brasil _____

Bulgaria _____

Canadá _____

Chile _____

China _____

Colombia _____

Costa Rica _____

Croacia _____

Cuba _____

Dinamarca _____

Ecuador _____

El Salvador _____

Eslovaquia _____

Eslovenia _____

España _____

(los) Estados Unidos (EE.UU) _____

Estonia _____

Finlandia _____

Francia _____

Gran Bretaña _____

Grecia _____

Guatemala _____

Holanda _____

Honduras _____

Hungría _____

(la) India _____

Inglaterra _____

Irlanda _____

Italia _____

Japón _____

Letonia _____

Lituania _____

Luxemburgo _____

Marruecos _____

México _____

Nicaragua _____

Noruega _____

Nueva Zelanda _____

(los) Países Bajos _____

Panamá _____

Paraguay _____

(el) Perú _____

Polonia _____

Portugal _____

Puerto Rico _____

(la) República Checa _____

(la) República Dominicana _____

Rumanía _____

Rusia _____

Serbia _____

Suecia _____

Suiza _____

Turquía _____

Ucrania _____

Uruguay _____

Venezuela _____

Profesiones

abogado/-a	empleado/-a de hogar
actor / actriz	empresario/-a
administrativo/-a	enfermero/-a
agente de seguros	escritor/a
agente de viajes	especialista en…
agricultor/a	estudiante
amo/-a de casa	estudiante en prácticas
aprendiz/a	experto/-a en logística
arquitecto/-a	farmacéutico/-a
artesano/-a	fisioterapeuta
asesor/a fiscal	fontanero/-a
asistente de dirección	fotógrafo/-a
asistente social	funcionario/-a
asistente técnico	gerente
sanitario/-a	gestor/a de contenidos
autónomo/-a	digitales
autor/a	guía turístico/-a
auxiliar administrativo/-a	informático/-a
auxiliar de vuelo,	ingeniero/-a
azafata (f)	intérprete
auxiliar laboratorio	jardinero/-a
químico	jubilado/-a
auxiliar médico/-a	librero/-a
auxiliar sanitario/-a	limpiador/a
biólogo/-a	mecánico/-a
bombero/-a	médico/-a
cajero/-a	minorista
camarero/-a	modisto/-a
cantante	músico/-a
carpintero/-a	obrero/-a
cerrajero/-a	organizador/a de eventos
cocinero/-a	peluquero/-a
comercial	periodista
comercial de exportación	perito/-a industrial
comerciante	piloto
contable	policía
corrector/a	político/-a
cuidador/a de personas	profesional liberal
mayores	profesor/a
dentista	programador/a
deportista	psicólogo/-a
desempleado/-a	recepcionista
dibujante	redactor/a
dibujante técnico/-a	reportero/-a
diplomático/-a	representante
directivo/-a	representante comercial
diseñador/a (gráfico/-a)	sastre/-a
diseñador/a web	secretario/-a
economista	técnico/-a
editor/a	técnico/-a comercial
educador/a	trabajador/a
ejecutivo/-a	traductor/a
electricista	vendedor/a
empleado/-a	veterinario/-a
empleado/-a de banco	

Estudios

Arquitectura _____
Arte, Bellas Artes _____
Artes Gráficas _____
Biología _____
Ciencias de la
  Administración _____
Ciencias Económicas _____
Ciencias Empresariales _____
Ciencias Políticas _____
Comercio Internacional _____
Derecho _____
Dietética _____
Electrotécnica _____
Fabricación Mecánica _____
Filología _____
Filosofía _____
Física _____

Geografía _____
Historia _____
Hostelería _____
Imagen y Sonido _____
Informática _____
Ingeniería Electrónica _____
Ingeniería Industrial _____
Literatura _____
Marketing y Publicidad _____
Matemáticas _____
Medicina _____
Pedagogía _____
Psicología _____
Química _____
Telecomunicaciones _____
Turismo _____

Departamentos

Administración
almacén *(m)* _____
Compras _____
Contabilidad _____
Control de gestión _____
Desarrollo _____
Dirección General _____
Distribución _____
Finanzas _____

Informática _____
Investigación _____
Logística _____
Marketing _____
Personal,
  Recursos Humanos _____
Producción _____
Relaciones Públicas _____
Ventas _____

Idiomas

el alemán _____
el árabe _____
el castellano _____
el catalán _____
el checo _____
el chino _____
el danés _____
el español _____
el estonio _____
el francés _____
el gallego _____
el griego _____
el holandés _____
el húngaro

el inglés _____
el italiano _____
el japonés _____
el letón _____
el lituano _____
el noruego _____
el polaco _____
el portugués _____
el rumano _____
el ruso _____
el sueco _____
el turco _____
el vasco _____

La familia

abuelo/-a

cuñado/-a

hermano/-a

hermano/-a gemelo/-a

hijo/-a

marido, esposo *(LA)*

mujer, esposa *(LA)*

nieto/-a

niño/-a

padre / madre

primo/-a

sobrino/-a

suegro/-a

tío/-a

yerno / nuera

Productos

el aceite de oliva

el agua *(f)*

el agua mineral *(f)*

el ajo

el alcohol

el arroz

el atún

el azúcar

la barra (de pan)

la bebida

el cacao

el café

el caramelo

la carne

la cebolla

el cerdo, el chancho *(LA)*, el puerco *(LA)*

los cereales

la cereza

la cerveza

el chocolate

la ciruela

la coliflor

el conejo

el cordero

el cruasán

el embutido

el espárrago

la especia

la fresa, la frutilla *(LA)*

la(s) fruta(s)

la galleta

la gamba

las golosinas

el huevo

la infusión

el jamón

los (productos) lácteos

la leche

la lechuga

el limón

la mantequilla, la manteca *(LA)*

la manzana

el marisco

la miel

la naranja

la oveja

el pan

la pasta

la patata, la papa *(LA)*

el pato

el pavo

el pepino

la pera

el pescado

la pimienta

el pimiento, el ají *(LA)*

la piña, el ananá(s) *(LA)*

el plátano, la banana *(LA)*

el pollo

el queso

la sal

la salchicha

la soja, la soya *(LA)*

el té

la ternera

el tomate

la uva

la vaca, la res *(LA)*

la(s) verdura(s)

el vinagre

el vino blanco

el vino tinto

el yogur

el zumo, el jugo *(LA)*

Nacionalidades

albano/-a

alemán/-ana

argelino/-a

argentino/-a

australiano/-a

austríaco/-a

belga

boliviano/-a

brasileño/-a

británico/-a

búlgaro/-a

canadiense

checo/-a

chileno/-a

chino/-a

costarricense,
  costarriqueño/-a

croata

cubano/-a

danés/-esa

dominicano/-a

ecuatoriano/-a

eslovaco/-a

esloveno/-a

español/a

estadounidense

estonio/-a

finlandés/-esa

francés/-esa

griego/-a

guatemalteco/-a

holandés/-esa

hondureño/-a

húngaro/-a

indio/-a

inglés/-esa

irlandés/-esa

italiano/-a

japonés/-esa

letón/-ona

lituano/-a

luxemburgués/-esa

marroquí

mexicano/-a

nicaragüense

noruego/-a

panameño/-a

peruano/-a

polaco/-a

portugués/-esa

puertorriqueño/-a

rumano/-a

ruso/-a

salvadoreño/-a

serbio/-a

sueco/-a

suizo/-a

tailandés/-esa

turco/-a

ucraniano/-a

venezolano/-a

El tiempo

Está nublado.

Hace 20 grados.

Hace buen tiempo.

Hace calor.

Hace frío.

Hace mal tiempo.

Hace sol.

Hace viento.

Hay niebla.

Hay una tormenta.

Llueve.

Nieva.

Actividades de tiempo libre

coleccionar sellos
encontrarse (con)
esquiar
hacer deporte
hacer excursiones
hacer footing
hacer / sacar / tomar
   fotos
hacer gimnasia
hacer senderismo
hacer snorkeling
hacer surf
hacer trabajos de
   bricolaje
hacer trabajos manuales
hacer yoga
ir a comer
ir al cine
ir al gimnasio
ir en bicicleta
ir en canoa
jugar a las cartas

jugar al ajedrez
jugar al baloncesto
jugar al balonmano
jugar al fútbol
jugar al golf
jugar al ordenador
jugar al tenis
jugar al voleibol
leer
montar a caballo
nadar
navegar
navegar por Internet
pasear
patinar
quedar (con)
salir
tocar el piano
tocar la guitarra
ver la televisión
viajar
visitar

Actividades laborales

analizar (datos)
asesorar (a empresas)
asistir (a congresos)
colaborar
compartir (tareas)
comprar (productos)
comunicar (ideas)
concertar (una cita)
contestar (correos,
   una llamada)
coordinar (proyectos)
decidir
escribir (correos,
   informes)
fundar (una empresa)
gestionar (el archivo,
   la documentación)
hablar (de proyectos)
hablar por teléfono
hacer (presentaciones,
   viajes)
informar (sobre)
intercambiar
   (información)
leer (informes)
llamar por teléfono
llevar (la gestión,
   la contabilidad)
ofrecer (un servicio)

organizar (reuniones,
   eventos)
participar (en reuniones)
preparar (actas,
   presentaciones)
presentar (proyectos,
   ideas)
proyectar (una
   presentación)
realizar (proyectos)
recibir (visitas, a clientes)
representar (a una
   empresa)
reservar (una mesa,
   una habitación)
responder (a)
   (una pregunta)
reunirse (con clientes)
revisar (un informe,
   una presentación)
solucionar (problemas)
tomar decisiones
trabajar
usar (un programa)
vender (productos,
   servicios)
viajar
visitar (a clientes)

Lugares de la ciudad

el aeropuerto _____
los alrededores _____
el aparcamiento _____
el ayuntamiento _____
el bar _____
el barrio _____
la biblioteca _____
la cafetería _____
el cajero automático _____
la calle _____
el campo de golf _____
la carnicería _____
el carril bici, el camino
  para bicis (LA) _____
el casco antiguo _____
el centro _____
el centro comercial _____
la discoteca _____
el edificio _____
la escuela _____
la estación _____
el estadio _____
el estanco _____
la expendedora de
  billetes _____
la fábrica _____
la farmacia _____
la feria _____
la galería _____
la gasolinera _____
el hotel _____

la iglesia _____
la librería _____
el mercado _____
el mercado de materia-
  les de construcción _____
el monumento _____
el museo _____
la(s) obra(s) _____
la oficina de información
  turística _____
la ópera _____
la panadería _____
la parada de autobús _____
la parada de taxis _____
el parking _____
el parque _____
la piscina _____
la plaza _____
el restaurante _____
los servicios _____
el supermercado _____
la taquilla _____
el teatro _____
la tienda _____
la tienda de productos
  ecológicos _____
la universidad _____
la zona comercial _____
la zona peatonal _____
la zona residencial _____
el zoo _____

Muebles

el armario _____
la cama _____
la cómoda _____
el escritorio _____
la estantería _____
la lámpara _____

la mesa _____
la mesa de noche _____
la silla _____
la silla giratoria _____
el sillón _____
el sofá _____

Partes de la casa / oficina

el aire acondicionado

el ascensor

el balcón

el baño

la calefacción

la cocina

el comedor

el despacho

el desván

el dormitorio

la ducha

la entrada

la escalera

el garaje

la habitación

la habitación de los niños

el jardín

la oficina

la pared

el pasillo

la planta, el piso

la planta baja

la puerta

la recepción

la sala de reuniones

la salida

el salón

el servicio

el sótano

el techo

la televisión

la terraza

la ventana

La ropa y accesorios

el abrigo

el bañador, el traje de
  baño, la malla *(LA)*

el bikini

la blusa

el bolso

la bota

el botón

la braga, la bombacha
  (LA), el calzón *(LA)*

la bufanda

los calcetines,
  las medias *(LA)*

el calzoncillo

la camisa

la camiseta, la playera
  (LA), la remera *(LA)*

la cartera

el chaleco

el chándal

la chaqueta, el saco *(LA)*

el cinturón, el cinto *(LA)*

el collar

la corbata

la falda, la pollera *(LA)*

las gafas, los espejuelos
  (LA), las lentes *(LA)*

el gorro, la gorra

el guante

el impermeable

el jersey, el pulóver *(LA)*,
  el suéter *(LA)*

la media

los pantalones

los pantalones cortos,
  los shorts *(LA)*

el pañuelo

el paraguas

el pendiente, el arete
  (LA), el aro *(LA)*

el pijama,
  el / la piyama *(LA)*

el reloj (de pulsera)

la ropa

la ropa interior

la sandalia

el sombrero

el sujetador, el sostén,
  el corpiñ *(LA)*

el traje

el traje de chaqueta

los vaqueros, los jeans
  (LA), los tejanos *(LA)*

el vestido

la zapatilla (de deporte)

el zapato

añade / añadid

apunta / apuntad

busca / buscad

cambia / cambiad

clasifica / clasificad

comenta / comentad

compara / comparad

completa / completad

comprueba / comprobad

conjuga / conjugad

contesta / contestad

contrasta / contrastad

corrige / corregid

crea / cread

cuenta / contad

da / dad

decide / decidid

deletrea / deletread

describe / describid

descubre / descubrid

di / decid

elige / elegid

escenifica / escenificad

escribe / escribid

escucha / escuchad

explica / explicad

fíjate / fijaos (en)

formula / formulad

habla / hablad

haz / haced

imagina / imaginad

intenta / intentad

intercambia / intercambiad

inventa / inventad

invita / invitad

justifica / justificad

lee / leed

marca / marcad

menciona / mencionad

mira / mirad

muestra / mostrad

numera / numerad

ordena / ordenad

pide / pedid

piensa / pensad

pon / poned

practica / practicad

prepara / preparad

presenta / presentad

propón / proponed

reconstruye / reconstruid

recuerda / recordad

redacta / redactad

relaciona / relacionad

rellena / rellenad

repasa / repasad

representa / representad

resume / resumid

reúne / reunid

saluda / saludad

simula / simulad

subraya / subrayad

ten / tened en cuenta

toma / tomad nota(s)

transforma / transformad

usa / usad

Mi vocabulario

Fuentes

Cubierta: 1 Shutterstock (Olga Grygorashyk), New York; **2** Thinkstock (Kollektion iStock), München; **3** Thinkstock (Jakob Wackerhausen), München; **4, 5** (España, Latinoamérica) Alexandra Krammer, Stuttgart; **3.1** iStockphoto (kycstudio), Calgary, Alberta; **3.2** Dreamstime.com (Elultimodeseo), Brentwood, TN; **3.3** Dreamstime (Elultimodeseo), Brentwood, TN; **3.4** Thinkstock (Evgeny Karandaev), München; **4.1** iStockphoto (JackF), Calgary, Alberta; **4.2** Thinkstock (Andris Tkacenko), München; **4.3** Shutterstock (Paulo Afonso), New York; **4.4** Thinkstock (michaeljung), München; **5.1** Thinkstock (Purestock), München; **5.2** iStockphoto (jleonard), Calgary, Alberta; **7.1** iStockphoto (monkeybusinessimages), Calgary, Alberta; **7.2** Thinkstock (Helder Almeida), München; **7.3** Shutterstock (Chris Howey), New York; **8.1** Desigual , Barcelona, Spanien; **8.2** LÁCTEAS GARCÍA-BAQUERO, S.A, Madrid, Spanien; **8.3** Renfe: Gerencia de Marca, Reputación Corporativa, Madrid, Spanien; **8.4** iStockphoto (appleuzr), Calgary, Alberta; **8.5** iStockphoto (Vecdog), Calgary, Alberta; **8.6** Thinkstock (greenwatermelon), München; **8.7** iStockphoto (fonikum), Calgary, Alberta; **8.8** iStockphoto (RENGraphic), Calgary, Alberta; **9.1** iStockphoto (KarSol), Calgary, Alberta; **9.2** EFE/Newscom/lafototeca.com (Javier Lizón), Madrid; **9.3** EFE/lafototeca.com (Juan Herrero), Madrid; **10.1** Corbis (Marco Cristofori), Düsseldorf; **10.2** Thinkstock (Monkey Business Images), München; **10.3** Thinkstock (LuminaStock), München; **11** Thinkstock (Allison Herreid), München; **12.1** iStockphoto (Brainsil), Calgary, Alberta; **12.2** Shutterstock (HLPhoto), New York; **12.3** iStockphoto (jcarillet), Calgary, Alberta; **12.4** Thinkstock (nitrub), München; **13** iStockphoto (genious2000de), Calgary, Alberta; **14.1** Shutterstock (Myroslava Pavlyk), New York; **14.2** Shutterstock (Oleg Golovnev), New York; **14.3** Shutterstock (ollyy), New York; **14.4** Shutterstock (Monkey Business Images), New York; **17.1** iStockphoto (kycstudio), Calgary, Alberta; **17.2** Mercosur, Montevideo; **17.3** Shutterstock (Andresr), New York; **19** Shutterstock (Maridav), New York; **20.1** Bibiana Wiener, Dortmund; **20.2** iStockphoto (Claudiad), Calgary, Alberta; **20.3** Bibiana Wiener, Dortmund; **22.1** Shutterstock (Tiramisu Studio), New York; **22.2** iStockphoto (Pumba1), Calgary, Alberta; **22.3** Thinkstock (Daisy-Daisy), München; **22.4** Thinkstock (ale_ssandra), München; **22.5** Thinkstock (cexco), München; **22.6** iStockphoto (advanbrunschot), Calgary, Alberta; **22.7** Thinkstock (nyul), München; **22.8** Thinkstock (kyrien), München; **22.9** Thinkstock (Minerva Studio), München; **22.10** Thinkstock (rawisoot), München; **23.1** iStockphoto (dutchicon), Calgary, Alberta; **23.2** iStockphoto (miniature), Calgary, Alberta; **24** Thinkstock (monkeybusinessimages), München; **27.1** iStockphoto (dmathies), Calgary, Alberta; **27.2** iStockphoto (lushik), Calgary, Alberta; **27.3** Shutterstock (kejineent), New York; **27.4** Shutterstock (vladmark), New York; **27.5** Shutterstock (Kapreski), New York; **27.6** Shutterstock (Orfeev), New York; **27.7** Dreamstime.com (Elultimodeseo), Brentwood, TN; **29.1** iStockphoto (appleuzr), Calgary, Alberta; **29.3** iStockphoto (Vecdog), Calgary, Alberta; **29.4** Thinkstock (greenwatermelon), München; **29.5** Asociación Vida Sana-BioCultura, Barcelona; **29.6** Thinkstock (Purestock), München; **29.7** Thinkstock (George Doyle), München; **29.8** Thnkstock (oneblink_cj), München; **31.1** iStockphoto (johnnyscriv), Calgary, Alberta; **31.2** iStockphoto (dutchicon), Calgary, Alberta; **31.3** Shutterstock (Andy Dean Photography), New York; **31.4** iStockphoto (Juanmonino), Calgary, Alberta; **31.5** iStockphoto (andresrimaging), Calgary, Alberta; **31.6** Thinkstock (Stockbyte), München; **32.1, 32.2, 32.3, 33.1, 33.2, 33.3** Carmencita, SA, Novelda; **34** mauritius images / age, Mittenwald; **36.1** Thinkstock (36clicks), München; **37.1** iStockphoto (scanrail), Calgary, Alberta; **37.2** Thinkstock (Ingram Publishing), München; **37.3** iStockphoto (esolla), Calgary, Alberta; **37.4** iStockphoto (dorioconnell), Calgary, Alberta; **37.5** Thinkstock (Sorapop), München; **37.6** Thinkstock (r_mackay), München; **39.1** age fotostock (José Enrique Molina), Madrid; **39.2** Shutterstock (John T Takai), New York; **39.3** Shutterstock (ctrlaplus), New York; **39.4** Shutterstock (PiXXart), New York; **39.5** Shutterstock (Alina Ku-Ku), New York; **39.6** Shutterstock (Krylovochka), New York; **39.7** iStockphoto (HighLaZ), Calgary, Alberta; **41.1** Shutterstock (Shebeko), New York; **41.2** Federación española de café, Madrid, Spanien; **42.1** Dreamstime.com (Evgeny Karandaev), Brentwood, TN; **42.2** Thinkstock (mathieu boivin), München; **42.3** Shutterstock (Gts), New York; **42.5** Dreamstime.com (Daniel Vincek), Brentwood, TN; **42.6** Shutterstock (Nattika), New York; **42.7** Shutterstock (Alexander Raths), New York; **42.8** Dreamstime.com (Natalia Mylova), Brentwood, TN; **43.1** Thinkstock (Evgeny Karandaev), München; **43.2** Shutterstock (Ivonne Wierink), New York; **43.3** Shutterstock (Picsfive), New York; **43.4** Thinkstock (Anna Kucherova), München; **43.5** Dreamstime.com (Margo555), Brentwood, TN; **43.6** iStockphoto (MorePixels), Calgary, Alberta; **44.1** Shutterstock (berkut), New York; **44.2** Dreamstime.com (Nomadsoul1), Brentwood, TN; **44.3** iStockphoto (dutchicon), Calgary, Alberta; **44.4** Dreamstime.com (Walter Graneri), Brentwood, TN; **44.5** iStockphoto (janeff), Calgary, Alberta; **44.6** Shutterstock (ildogesto), New York; **45** iStockphoto (Minerva Studio), Calgary, Alberta; **46.1** Shutterstock (funkyfrogstock), New York; **46.2** Thinkstock (Wojciech Cyganek), München; **46.3** Shutterstock (Kirill Smirnov), New York; **46.4** Shutterstock (B. and E. Dudzinscy), New York; **46.5** iStockphoto (sumnersgraphicsinc), Calgary, Alberta; **46.6** Dreamstime.com (Igor Dutina), Brentwood, TN; **46.7** iStockphoto (Lauri Patterson), Calgary, Alberta; **46.8** Dreamstime.com (Sierpniowka), Brentwood, TN; **46.9** Shutterstock (asife), New York; **46.10** Shutterstock (bitt24), New York; **47** iStockphoto (OJO_Images), Calgary, Alberta; **49.1** age fotostock (Walter Bibikow), Madrid; **49.2** Shutterstock (Tribalium), New York; **49.3** Shutterstock (wawritto), New York; **49.4** Shutterstock (RedKoala), New York; **49.5** Shutterstock (PiXXart), New York; **49.6** Shutterstock (foodonwhite), New York; **49.7** iStockphoto (kobbydagan), Calgary, Alberta; **51.1** iStockphoto (instamatics), Calgary, Alberta; **51.2** iStockphoto (Lisa-Blue), Calgary, Alberta; **51.3** Shutterstock (Minerva Studio), New York; **51.4** Thinkstock (Juan Carlos de la Calle Vélez), München; **52.1** Thinkstock (monticelllo), München; **52.2** Shutterstock (Nebojsa S), New York; **52.3** Shutterstock (David Spieth), New York; **52.4** Thinkstock (Achim Prill), München; **52.5** Shutterstock (Master3D), New York; **52.6** Shutterstock (pra_zit), New York; **52.7** Thinkstock (Fedor Kondratenko), München; **52.8** Shutterstock (Dimec), New York; **52.9** Shutterstock (Agrus), New York; **52.10** Shutterstock (HuHu), New York; **52.11** Shutterstock (Julynx), New York; **52.12** Thinkstock (Top Photo Corporation), München; **52.13** Shutterstock (funkyfrogstock), New York;

53.1 iStockphoto (Adamo Di Loreto), Calgary, Alberta; **53.2** Ayuntamiento de Barcelona, Barcelona; **54.1** iStockphoto (JackF), Calgary, Alberta; **54.2** iStockphoto (Nikada), Calgary, Alberta; **56.1** Shutterstock (Jktu_21), New York; **56.2** Thinkstock (Nikiteev_Konstantin), München; **56.4** Shutterstock (VoodooDot), New York; **56.5** Thinkstock (place4design), München; **56.6** Thinkstock (Bubaone), München; **56.7** Thinkstock (dutch iconaA), München; **56.8** Shutterstock (justone), New York; **58** Shutterstock (kastianz), New York; **59** Google Maps; **61.1** Shutterstock (Peky), New York; **61.2** Shutterstock (Miguel Angel Salinas Salinas), New York; **61.3** Thinkstock (iconizer), New York; **61.4** Shutterstock (lantapix), New York; **61.5** Shutterstock (RedKoala), New York; **61.6** Shutterstock (VoodooDot), New York; **61.7** iStockphoto (javarman3), Calgary, Alberta; **63.1, 63.2** Paradores SA, Madrid; **63.3** iStockphoto (lushik), Calgary, Alberta; **63.4** iStockphoto (MrPlumo), Calgary, Alberta; **63.5** iStockphoto (browndogstudios), Calgary, Alberta; **63.6** iStockphoto (appleuzr), Calgary, Alberta; **63.7** iStockphoto (fonikum), Calgary, Alberta; **64.1** Dreamstime.com (Martinmark), Brentwood, TN; **64.2** Shutterstock (MJTH), New York; **64.3** iStockphoto (YanLev), Calgary, Alberta; **64.4** Shutterstock (BorisShevchuk), New York; **66.1** iStockphoto (DmitrijsDmitrijevs), Calgary, Alberta; **66.2** Paradores SA, Madrid; **67** Dreamstime.com (Stefano Lunardi), Brentwood, TN; **69.1** Thinkstock (ToniFlap), München; **69.2** Thinkstock (chiara maria farioli), München; **69.3** Shutterstock (Mila Supinskaya), New York; **71.1** iStockphoto (Eugenio Opitz), Calgary, Alberta; **71.2** Shutterstock (Kapreski), New York; **71.3** Shutterstock (Vladyslav Danilin), New York; **71.4** Shutterstock (DVARG), New York; **71.5** Shutterstock (Kapreski), New York; **71.6** Shutterstock (AVA Bitter), New York; **71.7** Shutterstock (Snap2Art), New York; **71.8** Thinkstock (Andris Tkacenko), München; **73.1** Shutterstock (lozas), New York; **73.2** Shutterstock (alicedaniel), New York; **73.3** Shutterstock (vectorkat), New York; **75** Thinkstock (Stockbyte), München; **77.1** Thinkstock (María Teijeiro), München; **77.2** Dreamstime.com (MinervaStudio), Brentwood, TN; **77.3** Dreamstime.com (Tmcphotos), Brentwood, TN; **78.1** iStockphoto (OJO_Images), Calgary, Alberta; **78.2** iStockphoto (ola_p), Calgary, Alberta; **78.3** iStockphoto (Mac99), Calgary, Alberta; **78.4** iStockphoto (GlobalStock), Calgary, Alberta; **78.5** iStockphoto (OJO_Images), Calgary, Alberta; **78.6** iStockphoto (Yuri), Calgary, Alberta; **78.7** iStockphoto (OJO_Images), Calgary, Alberta; **78.8** iStockphoto (OJO_Images), Calgary, Alberta; **78.9** iStockphoto (OJO_Images), Calgary, Alberta; **80.1** iStockphoto (sandoclr), Calgary, Alberta; **80.2** Thinkstock (art12321), München; **83.1** Shutterstock (sunsinger), New York; **83.2** Shutterstock (Vector), New York; **83.3** Shutterstock (Stoker-13), New York; **83.4** Shutterstock (Aleksangel), New York; **83.5** Shutterstock (iconizer), New York; **83.6** Shutterstock (bioraven), New York; **83.7** Shutterstock (Media Guru), New York; **83.8** Shutterstock (Paulo Afonso), New York; **85.1** Thinkstock (beti gorse), München; **85.2** Thinkstock (EnginKorkmaz), München; **87.1** Dreamstime.com (Emi Cristea), Brentwood, TN; **87.2** Thinkstock (Purestock), München; **87.3** Thinkstock (Jacob Wackerhausen), München; **87.4** Dreamstime.com (Naomi Hasegawa), Brentwood, TN; **88.1** Thinkstock (Viacheslav Krisanov), München; **88.2** Shutterstock (Karkas), New York; **88.3** Shutterstock (robert_s), New York; **88.4** Thinkstock (Alexander Kalina), München; **88.5** Shutterstock (Leila B.), New York; **88.6** Shutterstock (Iurii Osadchi), New York; **88.7** Shutterstock (Karkas), New York; **88.9** Thinkstock (sad444), München; **88.10** Fotolia (Elnur), New York; **88.11** iStockphoto (bonetta), Calgary, Alberta; **88.12** Thinkstock (Olena Boronchuk), München; **88.13** Shutterstock (Aaron Amat), New York; **88.14** Dreamstime.com (Maria Mitrofanova), Brentwood, TN; **88.15** Shutterstock (Karkas), New York; **88.16** Dreamstime.com (Anton Starikov), Brentwood, TN; **88.17** Shutterstock (Karkas), New York; **90.1** Thinkstock (JordiDelgado), München; **90.2** Shutterstock (Ditty_about_summer), New York; **90.3** Thinkstock (michaeljung), München; **90.4** Thinkstock (Luis Álvarez), München; **90.5** Shutterstock (olexius), New York; **90.6** Shutterstock (nosik), New York; **93.1** ; **93.2** Shutterstock (Visual Idiot), New York; **93.3** Shutterstock (Goldenarts), New York; **93.4** Shutterstock (HuHu), New York; **93.5** Shutterstock (abrakadabra), New York; **93.6** Shutterstock (VoodooDot), New York; **93.7** Shutterstock (i3alda), New York; **93.8** Thinkstock (mtcurado), München; **95** Thinkstock (photographywest), München; **97** Google; **98** iStockphoto (tulcarion), Calgary, Alberta; **99.1** Shutterstock (olexius), New York; **99.2** iStockphoto (Teun van den Dries), Calgary, Alberta; **99.3** Thinkstock (PanareoFotografía), München; **99.4** iStockphoto (Jen Grantham), Calgary, Alberta; **99.5** Dreamstime.com (Luigi Roscia), Brentwood, TN; **101.1** iStockphoto (Neustockimages), Calgary, Alberta; **101.2** iStockphoto (jfairone), Calgary, Alberta; **101.3** Shutterstock (Goodluz), New York; **102** Thinkstock (Purestock), München; **103** Getty Images (Keystone), München; **105.1** iStockphoto (traveler1116), Calgary, Alberta; **105.2** Shutterstock (sabri deniz kizil), New York; **105.3** Shutterstock (agrino), New York; **105.4** Shutterstock (VoodooDot), New York; **105.5** Shutterstock (Koshevnyk), New York; **105.6** iStockphoto (hadynyah), Calgary, Alberta; **107.1** Corbis (Hans Georg Roth), Düsseldorf; **107.2** iStockphoto (JuanDarien), Calgary, Alberta; **108.1** EFE/lafototeca.com (Alberto Martín), Madrid; **108.2** Corbis (RICK WILKING/Reuters), Düsseldorf; **108.3** EFE/lafototeca.com (José Antonio Rojo), Madrid; **109** Editorial Conecta (Penguin Random House), Barcelona; **110** Thinkstock (nPine), München; **112** iStockphoto (Goodluz), Calgary, Alberta; **113** iStockphoto (AdamGregor), Calgary, Alberta; **115.1** iStockphoto (skibreck), Calgary, Alberta; **115.2** Shutterstock (Aleksander1), New York; **115.3** Shutterstock (andromina), New York; **115.4** Shutterstock (KatarinaF), New York; **115.5** Shutterstock (NEGOVURA), New York; **115.6** Shutterstock (HuHu), New York; **115.7** Shutterstock (Kapreski), New York; **115.8** iStockphoto (jleonard), Calgary, Alberta; **117.1** Shutterstock (Jiri Hera), New York; **117.2** Shutterstock (Kheng Guan Toh), New York; **117.3** EFE/lafototeca.com (Mario Guzmán), Madrid; **118.1** Shutterstock (Karkas), New York; **118.2** Shutterstock (Iurii Osadchi), New York; **118.3** Thinkstock (rawisoot), München; **118.4** iStockphoto (OJO_Images), Calgary, Alberta; **118.5** Corbis (Marco Cristofori), Düsseldorf; **118.6** iStockphoto (OJO_Images), Calgary, Alberta; **118.7** Shutterstock (Ditty_about_summer), New York; **118.8** Thinkstock (chiara maria farioli), München; **118.9** Thinkstock (kyrien), München; **118.10** Dreamstime.com (Luigi Roscia), Brentwood, TN; **118.11** Thinkstock (gpointstudio), München